私が心がけてきた「伸ばす面談、心に寄り添う面談」１０箇条

（１）あのときは「よく我慢したね」と生徒のできた行為を褒《ほ》める面談。

（２）遠距離の通学時間を、よく頑張って通っているという事実を褒《ほ》める面談。

（３）「これから身体ができあがり、必ず精神力・体力が付くから頑張りなさい」と励ます面談。

（４）「分からない分野は小中学校の教科書をやり直すこともできるよ」と、励ます面接。

（５）「病院に行って、お医者さんにきちんと相談し、心と身体を一歩一歩作って行こうね」と生徒に寄り添う面談。

（6）「君の能力がないのではなく勉強の方法が見つかっていないからだよ」と具体的に方法を**示唆する面談**。

（7）「まだ時間は十分ありますよ。現役生は最後まで伸びるからね」と希望と目標を与え、道を**示唆する面談**。

（8）「お母さん、最後まで応援してみませんか」と生徒を**擁護する面談**。

（9）「君は大切な先生の生徒だ。もっと自分を大切にして、未来を目指して見ないか」と、心の奥に**寄り添う面談**。

（10）「まずは身の回りの小さなルールや学ぶべきことを、きちんと積み重ねていくことだよ、頑張ってみようよ」と**励ます面談**。

（詳しくは、本文第2章52頁で解説しています）

生徒に勇気を与える

面談力

山口 和士
（日本進路指導推進協議会）

悠光堂

自序

私は、3年前まで、北関東の公立高等学校に勤務しておりました。無事に37年間の勤務を終え、退官し、静かに時を受け入れ、自由に書を読み、個人的にこれまでできなかった詩作や諸評論をまとめようと考えていました。

しかし、退官前のわずか1ヶ月で、全国の中学生、高校生や保護者、教職員から1000通を越えるメールや手紙をいただき、「どうか自分を助けてほしい」「学校を支援してほしい」との要望を多々いただきました。以前からも沢山の生徒達、保護者、教員から手紙やメールを頂戴しておりましたが、その内容を見ると、様々な全国の中学校・高等学校・中等教育学校・高等特別支援学校等の厳しい状況が覗《うかが》え、特に「学校としての基本」「教師としての土台」を失っている学校、教師の問題が浮き彫りになってきました。

よって「微力ながら全国の中学生や高校生、中等教育学校生や保護者、教職員等の皆様のために、まだ己の経験がお役に立つのならば」と考え、退官後、直ちに教育研究会「日本進路指導推進協議会」を興し、その会長として、どこにも縛られず、堂々と国家や各都道府県教育委員会、中学校や高等学校、大学等の要請に応えて進言し、新たな時代に向けて発信しております。また、一昨年からは、小泉進次郎衆議院議員の母校、伝統１３４年目を迎えるミッション系私立大学、関東学院大学（神奈川県横浜市金沢区　全１１学部）の規矩《きく》大義《ひろよし》学長の招聘《しょうへい》を受け、特任教授として、大学改革の様々な場面でも、提言させていただいております。

さて、高等学校と大学の双方に籍を置き、急速な教育改革の波の中に身を浮かべてみると、世代交代の中で、見過ごされてきた教師として最も大切な、「生徒を育む力」が、ないがしろになっていることに、否応なく気づくことになりました。

それは、どのような力なのか。指導教科の「教科力」や「生徒指導力」、「進路指導力」、様々な業務に関わる「事務処理能力」、部活動を牽引する「課外活動指導力」等はもちろんですが、実はそのすべてに関わる次の２つの基本的な力に行き着くのです。その２つとは、１つは今回のテーマである教師の大切な技量・能力ともいえる『面談力』、そしてもう１つは、教師の力量を支える『添削力』です。

実はこの２つについては、最も大切な「教師たる要の力」であるにも関わらず、それは当然の力として、近代日本から現代日本に至るまで、何の論考も検証もなされず、大学でも「教員養成課程」の具体的な教育カリキュラムに組み入れてあることさえ稀なのです。

例えば、今回取り上げる1つめの力『面談力』は、教育書籍・参考書の棚にも、「推薦試験のための面接」とか、「会社に合格する面談・面接のノウハウ」とかの実用本として出版されているに過ぎません。

「カウンセリング入門」とか、「メンタルヘルスの勧め」等の医学書にも、聞き方や質問の手引きはあっても、どのようにして面談するのか、どう生徒やクライアントと向き合うべきかを具体的に示した書物は少ないのです。

それは、これまで若い教員たちが、日常の学校勤務の中で、当たり前のように、先輩教師たちから技を盗み、自ら考えて生徒に正対しつつ作りあげてきた、先生方それぞれの「面談の技法」であり、「力」であったからです。

ところが今、その「力」が大きく揺らいでいると感じます。すでに今年も1月以来、多くの中学校・高等学校・中等教育学校・教育委員会主催高校生対象研修会等で進路講演を行い、講演後「個別面談」を希望してきた沢山の中学生・高校生・中等教育学校生・保護者達等と向き合いましたが、彼らが受けてきた「面談」は、大半は誠に悲しいかな、生徒を活かす面談ではなく、生徒を萎縮させ、「偏差値」でのみ判断する、生徒を枠にはめるだけの、意欲を削ぐ面談だったようです。大変残念なことです。もちろん実際の現場の先生方は、生徒に良かれと思って面談していらっしゃるのでしょうが……。

私は公立高等学校の教師であった37年の間、延べ3万8840回の生徒面談を実施し、その悩みの記録を取り、一人ひとりに向き合い、実践を重ねて参りました。保護者との面談も延べ2646回にのぼります。私は担任した生徒達を、「私は君たちを生涯捨てない。社会に出たら君たちこそが私の教師となるのです。だから今を逃げずに立ち向かうのですよ」と、鼓舞し、励まして育ててきました。

生徒や保護者との「面談記録」は、当初は記述式の項目から一つひとつデータとして拾い、時間をかけて整理、分析し、生徒一人ひとりの特性と考え方に寄り添いながら、対応してきましたが、今はコンピュータに入力することで、瞬く間に累積された、それぞれの発達段階にあわせた、分析が可能となりました。時代は推移し、ガリ版で教材や面接資料を作った時代から、輪転機、ワープロ、パソコン、タブレットと使う機器は進歩しましたが、生徒の悩みや思春期の有様から、どういう言葉で面談していいかを、私は教え子達の40年間の心の軌跡、「面談記録（面談シート）」から答えを導き出してきたのです。

この国の中学校、高等学校、中等教育学校等では、先生方が校内に在籍する生徒の「面談記録」を、長年にわたって分析し、生徒の苦悩の普遍的本質を探ろうとする研究を継続している方を私は知りません。中学校・高等学校なら担任の生徒が卒業したら、それで終わり、そしてまた新たな学年の生徒に向き合うのです。何ともったいないことをしているのでしょうか。大学の教員となってからも、それを痛切に感じます。

時代は変遷し、様々な周囲を取り巻く状況は変わりましたが、初めて担任した高校の生徒達も、その生徒達の子供の世代である現在の高校生達も、学校生活の悩みや、学習・進路に関する悩みの本質は、何ら変化はないのです。そのことに気づいた者こそが、生徒に向き合う真の「面談」の方法を考察し、実践していける者となるのです。私は愚直にその方法と生徒にかける言葉を追求してきただけです。

今回、本書『進路指導四十年　逆転の山口の生徒に勇気を与える　面談力』を執筆するにあたり、長年の実践記録を、全国の大勢の教師の前に提示し、我が実践から導き出した生徒への対応の方法が、確かに納得できるものであるかどうかを検証する機会を、2年間にわたって持ちました。すなわち、日本進路指導推進協議会主催「進路多様躍進校会議第1回西日本研究大会（岡山大会）」（2016年12月17日実施）、翌年の「進路多様躍進校会議　第2回東日本研究大会（新潟大会）」（2017年12月16日実施）で、基調講演をさせていただき、日本全国の高等学校・中等教育学校等の先生方に、その講演をもとに、グループ討議をお願いし、現在の「面談」の実態を話し合い、教師の『面談力』の価値を深く再考する機会を持つこととしました。その結果、第1回74名、第2回114名の参加者の目を通して、北は岩手県から南は鹿児島県まで、全国の現代の教育現場で活躍する先生方から、『面談力』に関わる論考の確かな支持を得ることができましたので、満を持して本書を世に問うことといたしました。

願わくは、多くの中学校・高等学校・中等教育学校・特別支援学校等の先生方、教育に関わるあらゆる社会人の皆様、保護者の皆様が、真に児童・生徒に正対し、真の『面談力』を身に付け、彼らの可能性を見抜き、日々の学習や諸活動を温かく支援していただくことを期待したいと思います。

生徒を信じ、最後まで向き合う勇気ある教師、保護者、社会人の皆様に、本書を捧げます。

目次

第1章　教育の王道を歩むために

「学校としての基本」（教育は科学である）

私の「教職員対象進路講演会」を聞いたことのある方は、私の講演の基本が「学校としての基本」と「教師としての土台」各6項目にあることはよく承知しているものと存じます。しかし、初めて本書で出会えた皆様方のために、改めて申し上げます。なぜなら、「個別面談」の前提には、この最も根本的なことができていなければ、効果が半減するからです。読者の皆様、もし貴方が教師なら、まずは勤務校の実態を掴まねばなりません。

【学校としての基本】（教育は科学である）

（1）自校に通学するであろう未来の高校生、5年先、10年先に入学するはずの小学生・幼稚園生の動向を掴んでいますか。また、直近の入学予備軍、中学生はもちろん、現小学6・5・4年生の動向は掴んでいますか。**【高等学校入学前の入口分析】**

（２）東京大学や京都大学といった日本の拠点大学、北海道大学・東北大学・一橋大学・東京工業大学・名古屋大学・大阪大学、神戸大学、九州大学等を中心とした全国の国公立大学・大学院の研究の質、及び各地域企業の業績実態を、貴方がたの勤務した高校ＯＢやＯＧ、年代層別の関係者の声を、どう入手し、分析していますか。**【高等学校卒業後の出口の分析】【社会の中で求められる力の認識】**

（３）小中学校の教科書を読み、大学の教科書を読み、その落差にどう高校教育で光を当て、力を付けるべきか、考えてきましたか。**【具体的教科力の分析と施策】**

（４）世界の主要大学の研究動向を、地域の諸学校の教職員の質、指導内容を自校なりに掴んで、生徒に還元し、鼓舞していますか。**【世界の中の日本の立ち位置の認識】**

（５）最も大切な自校の各先生の授業の分析、作問能力の有無を、レベルを掴んでいますか。**【学校としての最も基本的土台の把握と分析、改革への施策の考察】**

（６）部活動を熱心にやってきた者こそ、校内学力を伸長させる鍵を握っていることを、学校の共通認識として持ち、運動部・文化部の顧問をはじめ、すべての教師が自覚して、生徒を高めていますか。**【部活動顧問こそ真の進路指導を行う力を持つべきであり、生徒の将来に責任を負っていることの自覚の保持】**

私はどんな時もこの原点を忘れたことはありません。21世紀の現代、少なくとも関心を持って本書を読むことを選んでくださった先生方ならば、この6つの基本ができていなければ、新たなスクールアイデンティティの創出など、机上の空論に過ぎないことがお分かりのはずです。是非、日本や勤務都道府県を牽引する教師として、その自覚と実践者としての矜持《きょうじ》を持っていただきたい。この6つの基本が、今後10年間の勤務校の浮沈に関わることを、深く肝に銘じてほしいのです。

私的なことですが、地方の高等学校にこそ時代を拓く教育の精神的基盤があると考えている私にとっては、「学校としての基本」を失うことは断じて避けねばならぬ事態であります。何の係累もない異郷の地で教師となり、この国の教育の矛盾に気づき、国家に建白書を提出し、40年余にわたって進言してきた者としては、それは大変悲しく耐えられない事実だからです。

たとえ現場でただの一人の理解者がいなくとも、目指すべき教育の理想さえあれば、単独で生徒を育てそれを力とし、保護者を啓発して力とし、仲間をつくって改革を進め、確固とした教育実践を基に「生涯の進路指導」を行い、生ある限り戦うべきと私は考えているからです。

私は貴方がたと同様に一介の教師に過ぎません。しかし、少なくとも教師になって４０年余（高校教師３７年、大学教員3年）、上記６つの基本を頭から消し去ったことは一度たりともありません。

気概なき教師に、「進路指導」や「生活指導」はできますまい。私は読者の皆様こそが、新たな時代を拓く、日本の教育実践リーダーになり得ると固く信じているのです。

我々はどういう生徒を育てたいのか、大都会にあっても、地方にあってもその命題をそれぞれの教師が必死になって考えてきたはずですし、現在も未来へ向けて考え続けているはずです。「自主自立」といいながら、教師が現実の社会情勢や世界の学問動向を研究もせず、生徒自身に「主体的に」という言葉でいたずらに進路選択の下駄を預け、大学・短大・専門学校進学や公務員・民間就職のみを到達目標とするのは、真の「進路指導」を放棄した教育者としての怠慢です。少しばかり長く生きてきた人生の先達として、我々は生徒たちに進むべき道を示唆できぬはずはありません。貴方はいかがですか。

激動の世界は日々目の前にあり、この国の未来を担う若者に夢を与え、未来を示唆する責務は、我々高等学校や中等教育学校の教師すべてにあるのです。文部科学省のスーパーサイエンス指定も、スーパーイングリッシュの指定も、スーパーグローバルハイスクールの指定も、やがては無くなります。また、各都道府県で個別に指定している研究校等も、なくなります。

読者の皆様、先生方の勤務校が、いかなる世界戦略、地域戦略を描き、生徒達を牽引していくのか。日々学校で激論を交わし、厳しい現実から立ち上がり、世界を見る「視点」を育んでこその「各都道府県の教育」の復活ではありませんか。私は皆さんにその勇気を持ってほしいのです。皆さんの学校こそがその魁《さきがけ》でなければ、高等学校たる、中等教育学校たる意味、大義はないのです。

※教育の要は、「人から人へ伝えられる」ものです。私は、ひたすら、生徒と面談を重ね、授業を工夫し、「堂々と挙手をし、立ち上がって、相手の目を見て質問し、また教師の質問に応える」国際ルールの徹底を図ってきました。20代の年若き時代も、60代に達した今も、「個別面談」

こそ、「生徒の能力を発見し、勇気を持って進む道を示唆していける土台」と、私は信じています。すでに6年前に赴任した最後の勤務高等学校（国公立合格10～20人程度の中間校）でも、3年間にわたって3学年生徒（平成25年度195名、平成26年度194名、平成27年度198名、計587名）全員面談を実施し、個々に逆算した進路戦略を授け、生徒を支援してきました。平成27年度は8月中には2年生の上位層34名の面談も終了し、退官した一昨年3月末までに、3年間で全学年、延べ1004回の「個別面談」を行いました。現実の生徒の声を聞き、何が問題なのかを分析することなしに、学校の発展などないのです。

歴史を重ねてきた先生方の勤務校ならば、管理職も含めてさぞ日々激論を交わして、新たなるSI（スクールアイデンティティ）を創出し、毎年高等学校3学年生（中等教育学校6学年生）の勝負のゴールを目指して努力してきたのに違いありません。なぜなら、将来へのSIの構築に意志を持って取り組んでこなかった高等学校・中等教育学校等は、私の知り得る限りことごとく失敗しているからです。受験校であれ、専門校であれ、多様校であれ、全国の高等学校・中等教育学校の評価基準は、「中学校から受け入れた生徒（場合によっては小学校から受け入れた生徒）を、どこまで伸ばすことができたか」であるのは、皆様もご承知のとおりです。まして高等学校・中等教育学校なら公立であれ私立であれ、地元国公立大学や公務員試験、地元優良企業に何人合格者を出せたのかで評価が問われるのは当然の常識です。そのための意識付けと実力養成の要は、すべての教師が国公立大学・私立大学・公務員試験等の問題に精通していることが前提です。むろん、中学校や特別支援学校等、先生方の勤務校の校種によって目的や生徒の成長に関わる指導の要は異なっていることと思います。しかし、入学時より卒業時に少なくとも生徒の力をどれだけ伸ばせたかで評価されることは、教師としての本意でありましょう。

高等学校・中等教育学校の教員全員が等しく技量を磨いてきてこそ、それが可能となるのです。いかがですか、今年のセンター試験の問題をどうお考えですか。また、今春の東京大学、京都大学、東京工業大学、一橋大学、東北大学、北海道大学、筑波大学等の問題はいかがでしたか。周辺の国公立大学、地域や地元の私立大学の問題はいかがでしたか。公務員試験（高卒程度）の問題はいかがでしたか。本書をお読みの先生方の勤務校なら、すべての教員が即答でき、生徒に何を教えるべきか、準備は怠りなくなされていることと思います。

教師には様々な能力が要求されますが、日々生徒に向き合う時間は、圧倒的に「授業」

です。「授業力」「教科力」を付ける研修や研究会は、公的にも民間でも山のように用意されていますが、本当の「授業力」「教科力」を付けるには、この国の主要大学の入試問題を解き続けてこそ見えるものがあるのです。主要大学の入試問題は、あくまで小学校・中学校・高等学校と、教科書レベルを積み上げてきた中から出題されています。それを皆様はご存じでしょうか。

もし、貴方が真に「教科力」を付けたかったのなら、必ず教師としてのプライドを持って、「東京大学」「京都大学」等のこの国の中枢の大学入試問題を解き続けているべきです。なぜなら、この国の大学の入試問題は、あらゆる国公立大学、私立大学が、その２校の入試問題を意識して作問されているからです。私は定時制にあっても、その年のセンター試験にまずは挑戦し、その後２月末の前期国公立２次試験が終われば、直ちに東京大・京都大からはじめ東北大、大阪大というように主要大学の全国の入試問題を必ず解くようにしてきました。それが終われば地方国公立大学、有力私大、中堅私大と攻略し、高等学校の新年度が始まり３ヶ月程度の時期が過ぎた６月末くらいには、その年の大学入試の大まかな傾向が掴めるようにしておくのです。むろん、教育現場は毎日山のような仕事がありまず。しかし、大変でも大学の入試問題を解き続けていると、「その問題がどういう視点で作問されているのか」、「大学側からの秘かなメッセージ」が読み取れるようになり、どの大学がどこの大学を意識して作問しているのかも、分かるようになるのです。

そして、なにより「教科力」が厚味を増すことになります。ただ単に教科の単元を指導しているのではなく、「この構文は、今年の北海道大学の第1問の長文の中にあったよね」「この地形図に類似した箇所は、名古屋大学の地理にも出題されていたよね」「この数式は、同志社大学理工学部の今年の数学問題にあったよね」と、授業で生徒に語りかければ、どんなに部活動で疲れて、うとうとしている生徒であっても「ハッ」と注目するのです。私が勤務していた中間校でも、優れた能力を持っていた生徒は無数におりました。「この設問の仕方は、群馬大学医学部保健学科の今年の問題と同じだよね」と、授業を進めると、看護師志望の生徒達は、一斉に注目して一生懸命チャレンジしようとするのです。

これは何も大学入試ばかりではありません。私は、自分の生徒が希望していた公務員試験や民間企業の試験も、生徒から受験後報告された「受験報告書」を参照し、そういう志望生徒がいるクラスでは、必ず高卒程度の様々な公務員試験問題を事前に解き、「いま教えている評論の説明問題は、昨年の警察公務員試験、税務公務員試験等に同じ傾向の問題があったよね」と、語りかけるのです。生徒の教師への信頼度がまったく違ってくるはずです。こういう地道な努力を5年、10年と続けていけば、授業内容と現実の入試問題、公務員試験問題、民間就職試験問題は、明確に繋がり、指導方法も深みを増すのです。「私は、保健体育科・家庭科・芸術科・情報科担当の教員だから、そんな入試問題には縁がない」とお考えの先生方がおいでなら、それは誤っています。全国の国公立大学・主要私立大学のＡＯ入試・推薦入試の「小論文」問題、国公立大学中期・後期試験の２次問題を検証してみると、その出題の内容は、少子化問題・環境問題・高齢化社会問題・医療問題・家庭問題・国際化における文化問題等、すべては英語・数学・国語・地歴公民・理科以外の、教科から出題されていることが分かります。

自分が地方高等学校で「進路指導主事」を務めていた時には、生徒には「高校で学ぶすべての教科の中に、将来に繋がる大学入試、短期大学入試、医療看護系専門学校入試、公務員試験、民間就職試験の種が隠されています。ＡＯ入試や推薦入試、国公立後期試験の「小論文試験」のあらゆる課題文・問題文の土台は、保健体育・家庭・芸術・情報科にあるのですよ。決して手を抜かずに勉強してください」と、新入生の最初の学年集会で指導してきました。

「校長職」にあったときは、全教科の教師のヒアリングを均等に実施し、特に保健体育科・

家庭科・芸術科・情報科の先生方には、「皆さんの教科は、あらゆる「小論文問題」の種を含んでいる重要な教科です。大学受験等に自分達の教科は関係ないとは決して考えないでください。必ず定期試験の問題では、１題は２００字以上の記述問題を出題し、採点が大変でも生徒に考えさせる問題を作問してください。それが貴方がたの教科の価値を高めます」と、助言してきました。

また、「小中学校の教科書を揃えていない高等学校は、真に生徒を伸ばせない学校です。数学の教師ならどういうことを学んで今の生徒が高校に進学したのかを、きちんと頭に入れて、生徒を指導するべきです。生徒がつまずいている箇所があったら、いつでも丁寧に教えてあげましょうね」そう話してきたのです。貴方の学校はいかがですか。

「教師としての土台」（※高等学校・中等教育学校の指導者としての基本）

さて、「学校としての基本」は申し上げた通りですが、教師はすべて１人で生徒達を伸ばしているわけではありません。多くの教師が、互いに研鑽に努め、「学校」としての力を高めていてこその生徒達の伸長です。けれども、一人ひとりの教師に「指導する者としての覚悟」と「信念」がなければ、敏感な生徒達はすべて嗅ぎ取り、「ただ務めをこなすだけのサラリーマン教師」と「真摯に生徒に対峙し、愛情を持って育てようとする教師」を峻別《しゅんべつ》してしまうものです。前者の側にくくられてしまえば、生徒は決してその教師を信頼しようとはしないものです。読者の皆様にそんな寂しい教師になってほしくはありません。以下に私の考える「教師としての土台」６箇条を示します。是非、心がけてほしいものです。

【教師としての土台】（**指導者としての基本**）

（１）授業の質を高め、分かりやすい展開を土台に、教師は誇りを持って学問の魅力、国際的な展望を、熱を持って語っていますか？**【語ることの尊さの認識】**

（２）自らの教え子、卒業生（これまでの勤務校も含めて）を大切にし、彼らからの情報をもとに、現在の企業の動勢、学問動向を着実に掴んでいますか？**【生涯の進路指導の実践】**

（3）周辺の予備校・塾の授業を把握し、実際に自校の教師のレベルとの落差を整理していますか？　**【徹底した現状分析】**

（4）今春の東京大学の問題、京都大学の問題、東京工業大学、一橋大学、東北大学、大阪大学、北海道大学、筑波大学、名古屋大学、神戸大学、九州大学等の問題は、高等学校のどの学年を担当していようと、4月末までにすべて解き終わり、内容分析を各教科、学年次で共有しているのが通常の受験校です。様々な進路希望の生徒を持つ多様校なら、地元の国公立大学等の今年の問題は、もうすでに全教員が解き終わっているのが当然です。有力私立大学、地元私立大学の問題も同様です。**【問題分析こそが、授業を活きたものにする核となる】**

（5）自身が関わる教科については、1年次から3年次まで、いつでも空き時間があれば、同僚の授業を見て、自己研修、自己研鑽していますか？　入学以前の中学校での学習内容をも想定し、その延長上の指導を十二分に考えるべきです。**【地方高等学校の利点は、地域の中学校のすべての生徒層を理解し、いつでも誰でも指導できる体制を作ることにある】**

（6）校内実力テスト、校内模擬試験等の作問にあたっては、必ず各教科担当全員に事前配布し、徹底して議論し作問していますか？　オリジナルの練られた問題でなければ、生徒の実力は伸びません。校外模試のみに頼る学校は、教師の作問能力が育ちません。裏を返せば入試問題の大学側の作問意図を分析できぬ浅薄な指導で終わり、「教科力」など微塵も付かないのです。力のない学校は、作問の労を訴え、自らの実力のなさを露呈する教員が多いのです。**【作問の曖昧なものは教科全員で徹底して議論し、各教科主任、管理職が作り直しを命ずること。作問能力こそが教師の教科指導力の質を左右するのです】**

教師にとって「授業」は、最も大切な勤務の土台ですが、本書をお読みの先生方は、「授業評価アンケート」を自分なりに、きちんと取ってこられましたか。学校で行われる年間1回から3回の「授業アンケート」は、生徒達の真の声が１００％反映されているとは限りません。生徒達はよほどのことがない限り、比較的好意的に担当の先生方を評価をしてくれるものです。こうした形式的評価に甘え、「自分は生徒達に信頼され、授業満足度も高い」と自己満足に陥り、何の努力もしていない教師達を、私は数多く見てきました。

だからこそ、自分のクラスを指導してくださる他教科の同僚教師の授業は、機会を見つけてすべて参観させていただきました。「面談」の前に、具体的な情報を自ら知らなければ、生徒達の声に耳を澄ませなくなるからです。

生徒に「本当の自分」を評価してほしいと思うなら、各学期に一度、「より分かりやすい授業にするために、何が足りないのか、先生に足らないところを具体的に指摘し、きちんと評価してほしい」と生徒に訴え、自由記述式の評価用紙を渡し、回収してから「授業」をより良く組み立て直すべきです。板書の仕方や視線の持って行き方、授業を進めるスピードやテンポ、声の大きさや言葉遣い、質疑応答のやり取りの仕方、学習課題プリントの内容、添削指導のやり方等、生徒達は様々なことを教えてくれます。生徒から提出された、その課題を自分なりに分析し、再考し、授業を改良、実践してこそ、生徒の実力も伸ばせることに繋がるのです。

私には地方公立高等学校で担任や教科担当として育ててきた４８２０人の教え子たちがいます。また、勤務県外で講演し、我が弟子として指導してきた全国の教え子たち６８０人余がいます。彼らは現役の頃は勉強に苦しみ、様々な家庭の事情を抱えた、厳しい背景、環境の高校生たちでしたが、模擬試験はＤ・Ｅ判定ばかりでも、見事に本番の大学入試等で逆転し、志望を達成し、現在社会の至るところで活躍しております。彼らこそが、私の現在の「教師」なのです。この国の教育は、卒業したら自分の教え子がどのように活躍しているのかも、ほとんど知らない教師が大勢おります。様々な領域に進み、社会の第一線で活躍している教え子を、現在進路で悩んでいる生徒の指導に活かせれば、「どのような力を高校在学中につけて、大学や上級学校でいかなることを学べばよいのか」、「より確かな社会の声」を生徒に届けることができます。私の「面談」の土台は、卒業生である教え子達の情報によって成り立っているのです。

皆様は、そうした自らの教え子達の活躍している職場や上級学校の実態を掴んでいますか。私の教え子達は、かつては、様々に勉学や部活動で苦しみ、悩んで成長していった者達ばかりです。だからこそ今、必ず喜んで、後輩達である若き高校生たちのために、私に手を貸してくれます。たとえ勤務県や全国で直接関わった生徒が５千数百名だけだとしても、実際に高校時代に私と生徒とのやり取りを見てきた、保護者やその家族、お兄さんやお姉さん等は、今でも私の相談には、きちんと協力し情報を提供してくれるのです。そうした方々の支援も考えあわせれば、私の「進路指導」は、約２万５０００人余の教え子とその家族によって、今も支えられていることになります。

築地市場で大根の最終値段を決めている教え子も、国連事務局で世界の情勢と向き合っている教え子も、かつては皆勉学に苦しんだ生徒でした。彼らが今悩んでいる高校生を、時には私の代弁者となって育ててくれるのです。こうした日が来ることを私は20代の頃からイメージし、ずっと待ってきました。教え子とはありがたいものです。本当に感謝したいと思います。

読者の皆様、貴方が教師なら、自分に協力してくれるそうした卒業生を、何人持っていますか。私は自分にないものを、かつての教え子達の力を借りて、今も育んでいるのです。いつかは教え子達が自分を各分野で超えて行き、大切な「自らの教師」となることを、忘れてはならないのです。私は彼らから現代の社会の課題を教えてもらい、今も目の前の生徒に向き合っています。

高等学校の教師なら、定期試験の問題や実力試験の問題は、今自分の担当する学年にはどういう力を付けてやるべきかを熟考し、作問したら、必ず教科を同じくするすべての教師に配布し、内容的にはどうなのか意見を求め、難点があれば作り直す努力をしたいものです。また、たとえ先輩教師であろうとも、昨年と全く設問が同じであったり、最近の入試問題のコピーである問題を見つけた場合は、その非を正し、オリジナル問題を作るよう諭すのが、教師としての当然の行動でした。先輩教師たちは、当初は厳しい非難の声をぶつけてきましたが、「この教科を教えられるのは先生しかいないのです。どうか生徒達の理解したい思いに向き合ってください」と訴えると、やがては皆協力してくださるようになりました。癖の強い様々な先生方もおいででしたが、私は生徒のために何度も頭を下げました。そして「その授業は本当に生徒のためになるのか」という視点を貫き、闘ってきました。貴方の学校はいかがですか。

最近は、「実力テスト」の問題作りを、負担が大きいとして止め、業者テストで代用している高等学校が増えてきましたが、それでは、教師の作問能力が育たず、裏を返せば、大学等の入試問題の作問意図も読めないようになります。授業で勝負のできない教師の多くは、そうして肝心な力の鍛錬を怠っているのです。

私が進路指導を担当していた折は、毎回の「校内実力テスト」「校内模試」の問題は、進路指導室に過去の問題を整理し、解説も各教科に準備してもらった上で、生徒に常時開示しました。熱心な生徒は、１・２年生時から「この設問は東京大学レベルである。この設問は東北大学レベル、この問題は群馬大学レベルである」と、出題の傾向を掴み、進路指導室に足繁く通うようになりました。こうした自律的な行動が、より高い学力を伸ばすことになるのです。

私が高校教師だった37年余にわたって勤務校の教師たちに説いてきたのは、すでに前述した「**学校としての基本**」の**6項目**、そして前述した「**教師としての土台**」の**6項目**のみです。

重複する部分もありますが、「**教育は科学**」なのです。「**観察**」→「**仮説**」→「**実験（実践）**」。それを肝に銘じて学ぶ教師にこそ、「面談」もまた大きな武器となるのです。

生徒の実態は毎年異なりますし、教師としての切り口も、クラスや学年によって全く異なるはずです。同じ尺度で、生徒を「去年の生徒と比べて英語の力がないなあ」などと決めつけてはなりません。計り知れない力が、生徒たちにはあるのです。そこをどう仕掛けて、前に向かってもらうのか。教師としての腕の見せどころといえましょう。

平成30年の12月現在、教育改革の中で、大学入学者選抜改革が声高に叫ばれていますが、たとえどのように国家の高大接続改革が進もうと、「**教育の王道**」は変わりません。「**学校としての基本**」「**教師としての土台**」を追求し、日々実践していく限りは、生徒を「確かに育む力」は我々の手中にあるのです。

これまでの「経験」と称して、現実の生徒のために何も学ばない者に、日々の「現状分析」と「対策」を構築できない者に、「**教師**」と呼ばれる資格はないのです。我々はいかなる立場になっても、どのような学校に赴任しても、生涯現役の「**教師**」です。努力を怠る時がもしあったのなら、潔く学校を去り、引退すべきです。その覚悟を皆さんはお持ちですか。

どうか堂々と「**教育の王道**」を歩み、共に生徒達の未来のために前に進もうではありませんか。

第2章　個別面談の基本とポイント

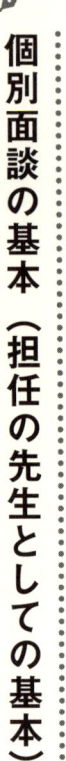

個別面談の基本（担任の先生としての基本）

私は、一昨年3月末に退官し、まったく自由な立場になってから、平成28年4月より12月末までの9ヶ月間で、すでに依頼のあった全国3中学校、45高等学校、2中等教育学校、2大学、2教育委員会等で、大小110本の進路指導講演を行い、約3万1500人余の中高校生、約6300名の保護者、約1600名の教職員、計3万9400人に自らの信ずる道を説きました。

講演後、中高生に関しては、時間の許す限り、希望する生徒たちと「個別面談」を行いました。ある高等学校では、講演後43名が並び、夜21時30分頃まで、彼らの「問い」に向き合いました。その日は依頼された高等学校で、18時30分からの「懇親会」を企画してくださいましたが、面談終了後、懇親会場に行ってみると、もうすっかり終盤に入っており、終わりの15分のみの参加となってしまったことがありました。また、ある高等学校では、下級生の面談時間が取れなかったために、校長先生が、1・2年生のために次年度も講演依頼をその場でなさってくださいました。

昨年度4月以来12月末まで、私が直接10分から15分以上の「個別面談」ができた生徒は、北は秋田、岩手から南は佐賀、大分、鹿児島まで、約720名余。たとえ自分の勤務校ではなくとも、全国の高校生が私に求める「面談」での要《かなめ》は、決して変わりません。すなわち、「正直に自分の心に向き合ってほしい」「不安な自分に勇気を与えてほしい」という願いです。

昨年、講演を実施し、講演後に面談した720名余のうち、3人に1人は初対面の私の前で皆泣いていきました。誰にも言えなかった「自分の心」を、必死で伝えてくれたのです。本来は、勤務校の担任の教師や学年主任が、きちんと向き合っていれば、初対面の白髪の私などに語る必要はない相談ばかりでした。どんな些細なことに対しても、決して目をそらさず、温かく向き合うことが「個別面談」の基本です。

約3万1500名の中高校生の講演の感想も、送っていただいた後、皆目を通しましたが、彼らの感想の中で最も多かったのは、**「自分の学校の先生方を信じられない」「親に確**

かな気持ちを伝えられない」「自分に自信がなく、不安でたまらない」という文言です。

読者の皆様、貴方が教師なら、この3つの根本的な質問に、果たしてどうお応えになりますか。中学校・高等学校・中等教育学校の先生方なら、初任の先生であろうと、50代のベテランの先生方だろうと、教頭先生、校長先生であろうと、その問いには、それぞれが自信を持って明確に応えてやらねばなりません。

昨年は正式に大学教員として大学生に指導する機会を持つこととなり、講演依頼も絞って受けざるを得ませんでしたが、1月から12月まで、全国4中学校、46高等学校、3中等教育学校、1短大、2大学、3教育委員会、2自治体、1企業で大小121本の講演を実施いたしました。中学生423名、高校生1万2682名、短大・大学生328名、保護者3887名、教職員2419名、教育委員会関係者283名、自治体・民間企業283名、総計2万115名に我が思いと教育の方向について講演することができて幸いでした。

昨年12月5日に招聘を受けた、新潟県長岡地域の某高等学校では、「生徒対象進路講演会」の後、1・2年生9名、3年生64名、計73名が個別面談を希望し、校長室前に並びました。できる範囲で生徒の要望に応えましたが、その時の様子は校長先生、副校長先生が実際にご覧になっていますので、新潟県の先生方はご確認いただけるかと思います。しかし、12月ではなく、もう少し早くに私を招聘いただいていれば、３年生の受験に対する意欲も、随分と変わっていたことでしょう。私を招聘頂いた他県の校長先生や進路指導主事の先生方なら、自校での講演後の生徒の変容を思い出していただければ幸いです。

たった一度の講演を聞いて、講師に勇気を奮って会いに来て、「なんとか自分の心の相談をしたい」という生徒達の思いには、我々は大人として必ず応えねばなりません。生徒の相談内容は、一昨年の項目と同様な素朴な内容ばかりでした。長岡地区の高校の生徒のように、講演後「個別面談」を求めて来た生徒達で、実際に平成29年度、1年間で10分~15分の面談ができた生徒は、1467名。皆、真剣な面持ちで私に向かい、そして面談後、微笑んで面接室を出て行きました。「生徒に前に進む勇気を与えること」が、私のたった1つの面談の要です。

本書をお読みになる多くの方は、高等学校等で実際に「担任」として、高校生に向き合っておられる方がほとんどでしょう。別の章で3年間の「面談スケジュール」の典型をお示ししますが、「面談」を行うためには最低限のルールと準備があるのです。以下の話を十分に考えて、自分なりの面談作戦を練ることをお勧めします。

面談を行う最初の場所は

まずは、面談する「場所」です。最近はプライバシー保護の観点から、入学当初4月・5月の「面談」は、各HR、教室で、教師と生徒が1対1で行う「二者面談」が多くなっています。しかし、考えてみてください。高等学校の教師となってから、「教科指導」や「生活指導」、「服務規律」の研修は、各都道府県の教育センター等で「初任者研修」として行いますが、「担任」としての「個別面談」のやり方は、座る位置や視線の持って行き方、生徒にどのように切り出すか等、誰も具体的には教えてくれないものです。今は、それぞれの初任の先生に「指導教官」や「指導教諭」が付きますが、ほんの少し前までは、初任者自らが先輩教師に聞かない限りは、誰も教えてはくれない技術でした。

当初に申し上げたとおり、「面談技術」は、教師一人ひとりが考え、経験を積み上げる他なかったのです。そして先輩教師からその「技術」を盗むものでもありました。ですから、現在の中堅教員以上の年代は、実は皆我流を究めた「面談」を行っていることになります。

さて、最近では意欲があっても、コミュニケーション力に長《た》けた初任者が、いなくなってきたと、各都道府県教育委員会の採用担当者が私に語ってくれます。少子化に伴って教員志望者も、大家族でもまれた厳しい環境で育った者が減り、社会性や対人対応力が乏しい教師も増加する傾向にあります。だからこそ、ベテラン教師が、指導者として初任者を教えるスタンスを取っている都道府県が多いのです。

かつては4月、５月の面談、高校1年生が入学したばかりの最初の「二者面談」、及び新2年生・新3年生に進級して、新クラスになった最初の「二者面談」は、あえて「職員室」の各担任机の横に丸椅子や折り畳み椅子を用意し、一斉に生徒を脇に置いて「二者面談」を実施したものです。

もちろん生徒への質問は、「高校生活に慣れたかどうか」、「進級した新しいクラスの雰囲気はどうか」等、新しい環境に関するものが多いはずですが、まだプライベートな問題に立ち入る前の「面談」は、密室性の高い「教室」で行うよりも、先輩教師たちの実際に「面談」している様子や、生徒に向き合っている間合い、話術等を垣間見ながら、自分も「面談」を勉強できる貴重な機会でありました。

今は、全く面談経験のない、初めて担任となった教師も、誰の助言もないままに「教室」

で生徒と「二者面談」をすることが多いのです。それは果たして、経験の浅い若い教師たちに真の「自信」をもたらせるものとなるのでしょうか。学生時代の「塾」のアルバイトでの「生徒面談」「教科面談」とはわけが違うのです。やはり、4月、5月の最初の面談は、学校を挙げて、「職員室」で、多くの先輩達の姿を見ながら「二者面談」をまずは行うのが、最も若い教師たちを成長させ、生徒達にも学校の中での「面談」の感覚、雰囲気を感じさせる貴重な機会になると思うのです。

本書を読まれた、全国の管理職の先生方、進路指導主事の先生方、そして各都道府県教育委員会の指導主事の先生方、年度当初の1回目の「二者面談」の場所は、「職員室」で行うことを、私は強く推薦します。

語りやすい雰囲気を作る

次いで考えるべき「面談の基本」は、まずは「**生徒に語りやすい雰囲気を作ること**」です。その大前提は、「**教師である貴方の表情**」です。難しい顔をしていませんか。「**笑顔**」で生徒に向き合う準備は万全ですか。面談に向かう際は、決して仕事上の感情を引きずってはいけません。貴方は、「教師」として、生徒の悩みや様々な不安に向き合うのです。貴方自身が「不安」や「恐れ」を生徒に抱かせるようでは、失格です。「**スマイル**」「**笑顔**」ですよ。いつもそう心の中で呟いてくださいね。

さて、以下に「面談の基本」を申し上げます。

【個別面談の基本】

（１）「面談」は、決して正面で生徒と正対してはいけません。教師と面談するとき、生徒はとても緊張しているのです。スタンスとしては左脇か右脇の椅子に生徒を座らせて、「教師と並列のならびにしてもらうこと」が心理的に「語りやすい雰囲気」を作ることに繋がります。視線や声、聴き方も大切です。高飛車な物言いは、それだけで「面談力」を削ぐことになります。優しい言葉で、生徒を安心させる配慮をしてください。

【面談の雰囲気作りは教師の責任】

（２）「個別面談」がたとえ１５分から２０分の短い時間であっても、必ず生徒の方から語り出す瞬間を待ちましょう。面談は教師主導ですべてをお膳立てして行うものではありません。「待つこと」のできる教師でいてください。もし、時間が足らなくなっても、いいではありませんか。また、話せばいいのですから。それがどれだけ生徒の信頼を勝ち得ることかを考えてください。「待つ」ことの勇気が、あなたを信頼できる教師にするのです。

【「待つ」ことのできる教師であること】

（3）「個別面談（二者面談）」には、生徒一人ひとりにそれなりの準備がいるのです。対象生徒は何時に起きて、どういう通学手段で登校しているのですか。家族関係はいかがですか。母子家庭や父子家庭ではありませんか。部活はどこに所属していますか。レギュラーですか、補欠ですか。友人関係はどうですか。その子の良さはどこにありますか。生徒の生活の背景を感じないで行う面談など、何も発展的な効果を生まないのです。

【生徒の生活背景を知ってこそ面談力は高まる】

（4）生徒が最も気にしているのは「親の評価」であり、幼いころから母親や父親から認めてもらいたいと願って果せないでいることを知っていますか。そのためにどれほど自分を殺してきた生徒がいるか。才能に気づかせてやり、本来進むべき生徒の道を示唆してやれるのは教師しかいないのです。勇気を持って将来に挑むことの価値を教えてあげてください。そのためには保護者にきちんと生徒の思いを届ける責務も教師にはあるのです。**【「保護者の呪縛からの解放」と「才能を伸ばす面談」が肝要】**

（５）面談の目的は、学年や時期によってその都度異なります。貴方の学校や学年は、３年間を俯瞰《ふかん》した「面談計画」を持っていますか。生活習慣や学習習慣の確立や部活との両立の問題等、高校１年生での個別面談は最も重要です。私の経験では３年後の進路結果を占うのは、圧倒的に１年次の個別面談戦略によります。１学年での学年運営や学級運営の成否で、３年後の生徒の進路実績は５０％決まるのです。目指すべき上級学校への母集団の素地を作るのは、１年次の面談が重要なのです。また２年次の「個別面談」は生徒の将来に影響する大切な鍵を握っています。３年はいわずもがなのことでありましょう。**【３年間を俯瞰《ふかん》した「個別面談計画」は学校の要】**

（６）「面談週間」を年間計画に入れているのは、全国の受験校・多様校では当たり前のことですが、学年で何の方針も共通理解もなく、各クラスの「個別面談」に向かうのは愚かなことです。担任団は様々な年齢構成の教員で組織されています。最低限の「面談の基本」は、学年の方針で確定し、共通理解を得た上で「面談」に臨むようにしましょう。また、必ず次の「面談」や次年度の学年のために、「面談記録」をつけ、卒業までに生徒個々の問題点を共有していくことが、進路指導や生徒指導の上で大きな効果を生むのです。**【「個別面談」は担任教師1人のものではありません。学年や学校で生徒を育てるための貴重な情報の累積と共有を大切に】**

以上6項目が、最低限の面談の基本、ポイントです。貴方は、また貴方の勤務校では、どのように「個別面談」にそれぞれ対応していますか。是非、教育的に深く考えられた「面談の時間」であってほしいものです。

自立を促す面談、才能を発見し伸ばす面談、心や身体に寄り添う面談等

生徒の高校生活に寄り添う「面談」は、
「登下校や通学手段に関わること」

「学習に関わること」

「進路に関わること」

「友人や先輩等の学校での人間関係に関わること」

「起床や就寝、食事の習慣や持病等の生活に関わること」

「部活動や委員会活動等に関わること」

「家庭環境や家族に関わること」

「趣味や独自の特別活動に関わること」等が挙げられます。


しかし、多くの高等学校で準備されている１５分〜２０分の「三者面談」や保護者を交えて行われる「三者面談」は、大概は「家庭学習の時間」や、「成績に関する指摘」「模擬試験や別調査の生活実態調査」等のデータによる面談が多いのです。

読者の皆さんにお聞きしますが、貴方が高校生であった頃、「模擬試験の判定」や、各学期の「学習成績表」を中心に据えて「個別面談」を担任の先生からしていただいた時、「よし頑張ろう」とモチベーションが上がったことが何回あるでしょうか。確かに「弱点把握」は、大切な「現状認識」「学力認識」に繋がりますが、情けない気持ちや、不安な気持ちに繋がったことの方が多くはありませんでしたか。

教師の立場からすれば、「二者面談」であっても1日10人程度は、実施しなければならないため、先の「個別面談のポイント」6箇条にあるように、なかなか「生徒が語り出すまで待てない」者が多いのです。そこをぐっと我慢し、「個別面談の基本」第2条にあるように、「生徒が語り出すのを待つ」ことができれば、思いがけない世界が見えてくるものです。

これから、私が高校教師37年間で向き合った子供達の、3年生最後の卒業式間際に提出してくれた、私との「個別面談」の感想から、幾つかをお示しします。ごく当たり前の感想に見えますが、私には一人ひとりの見えない葛藤や、心の弱さと闘って大人になっていった歴史が、鮮やかに蘇ってくるのです。

現在50代前半から40代後半の、私が教師になって最初の頃の生徒も、その子供達の世代、今まさに10代後半の高校生や大学生である生徒たちも、その「思い」の本質には何も変わりがありません。「面談」は、「生徒の自立を促す」ことも、「才能を発見し伸ばす」ことも、「心や身体に寄り添う」こともできるはずです。

30数年間、私が面談した生徒の感想から、10人分を無作為に拾って、そのまま書かせていただきます。読者の皆様が、何かを感じてくださったら幸いです。

生徒の卒業前の感想より（「在学中の面談について」という項目より）

◆「君なら必ずできるよ。焦らずまっしぐらに進んでいこうね。私は生涯見ているからね」先生の面談でのこの一言が、私の心を救ってくれました。本当に有り難うございました。

◆「偶然生かされている人の命には、必ず存在する意味があるのだよ」難しい言葉でしたが、二年生の時のこの面談で勇気をいただいて、私はずっと前を向いて闘っていけました。先生、私は必ず信念をもって看護師を続けますから。応援してくださいね。

◆先生、兄弟姉妹が沢山いて、大学には決して進めないと思っていましたが、先生が「この子には、この子の人生があるんです。どうか進学させてください」と、親の前で、言えなかった思いを引き出してくれて、本当に有り難う。一生忘れません。私は必ず先生のような教師になります。待っていて下さいね。

◆「先生」、先生をそう呼べることが、今とても大切に思います。僕は中学校まで大人を誰も信じてきませんでした。先生も自分と同じようなそんな孤独な時代があったことを隠さず言って下さって、有り難うございました。勇気を持って社会人として進んで行きます。

◆「見えない私」を発見して下さって有り難うございます。私は自分には何も取り柄がないとずっと諦めていました。なりたいものが何もない自分は、不幸だと思っていましたが、先生が「君は人のことを穏やかに支えてくれる微笑みと瞳を持っている。命を磨いてみないか」とおっしゃって下さいました。E判定から逆転して医学部医学科に合格できたのは、先生のこの言葉のお陰です。本当に有り難うございました。

◆直らないという病気に負けそうになっていた私に、「病名に負けるんじゃない。多くの人々が難病と付き合いながらも、偉業を達成しているよ。科学の進歩は医療にも間違いなく変革をもたらしている。君ならきっと恢復《かいふく》できるよ」と、希望と未来を示して下さって有り難うございました。お陰で希望の進学先に進むことができました。先生、私を見ていてくださいね。

◆大人って凄いんだと、初めて感じた面談でした。定時制からでも大学に進学できると教えて下さったのは、先生だけです。中学校までずっと不登校で、成績も１と２しかなく、学校や教師を信じられませんでしたが、私のために大学にまで行って下さって、募集要項をもらってきて頂いたこと、忘れません。私はあれから頑張って、論文試験を受けて、３０万円入学金を免除していただきました。先生に出遭えて本当によかった。有り難うございました。

◆自分は障害があると言われて、普通の子と違うから勉強ができないんだと思っていました。でも、「完璧な人間なんていないんだよ。先生も長い時間をかけて、一歩一歩わかるようになったんだ。君もきっとそうなるよ」と、先生が励まして下さったから、私は大好きな調理師になろうと決意しました。先生、いつかきっと味でうならせてあげるからね。有り難うね。

◆せんせい、わたし、ひらがなかけた。なまえ、かけるようになったよ。「日本」

もかんじで、かけるよになった。ありがとう。せんせい、わたしはひとりじゃない。もう、いじめられない。せんせいも、むかし、とてもこどくだったといった。わたし、いるからだいじょうぶ。ひろいせかいで、がんばるよ。ありがと。

◆生まれてきた価値なんてあるのか、といつも人を睨《にら》み付けて生きていました。でも校門で先生が、全く返事もしない自分に、毎日「おはよう、元気か」、「さようなら、気をつけて帰れ」って、声をかけてくれたので、挨拶をしない自分が恥ずかしくなりました。睨《にら》み付けている自分がちっぽけに思えました。社会福祉士になって、人々を支える人間になります。いままで言えませんでしたが、有り難うございました。

たった10人ですが、それぞれの成長の軌跡が、最後の「面談」の項目を見るだけでも、鮮やかに思い起こせます。今は立派な社会人となり、父親や母親になって堂々と生きている彼らが、かつては皆苦しみながら悩み、少しずつ前を向いて、進んでいったことを、皆様にも知ってほしいのです。皆様の担任している生徒達も、短い「面談」の時間でも、小さな言葉から救われ、前に進む勇気を持って、社会に挑戦していくことを、是非忘れないで

ほしいのです。

私は勤務県で担任したり、教科担任をして「個別面談」をした4820人の生徒達を、1人も忘れてはいません。彼らが、30歳や40歳、50歳になった頃、久しぶりに手紙をくれたり、「会いたい」と言って来たときには、必ず人生の上で何かあった時．恐らく転職や、家族関係の問題、人生の転機が迫っている時です。その時、私は決まって1枚の葉書を書くのです。「私はずっと見ているからね。高校生の時に君が書いてくれた感想を、先生はずっと大切に心にしまっているからね」と。それから10年後、再び合えたとき、「あのときは転職をしようとしていました」「離婚をしようかどうか迷っていました」と彼らは笑って言うのです。「あの葉書で、子供のために夫婦でやり直せました」「思いとどまったお陰で、今は会社の部長になれました」と。

私が心がけてきた「**自立を促す面談、才能を発見し伸ばす面談、心に寄り添う面談**」を、より分かりやすく箇条書きにすると、次の10箇条のポイントに到達します。

私はこの10箇条をいつも座右において「**褒**《ほ》**める面談**」「**励ます面談**」「**寄り添う面談**」「**示唆する面談**」「**擁護する面談**」として、生徒に対してきました。

（1）「こらえ性がない」という行動の弱点を突く面談ではなく、あのときは「よく我慢したね」と生徒のできた行為を褒《ほ》める面談。

（2）学習時間が少ないという事実を問いただす面談ではなく、遠距離の通学時間をよく頑張って学校まで通っているという事実を褒《ほ》める面談。

（3）部活動で疲れて居眠りしていたことをたしなめる面談ではなく、「これから身体ができあがり、必ず精神力・体力が付くから頑張りなさい」と励ます面談。

（4）通知表で赤点に近い教科を責めるのではなく、「分からない分野は小中学校の教科書をやり直すこともできるよ」と、励ます面接。

（5）遅刻や病欠が多い点を責めるのではなく、「病院に行って、お医者さんにきちんと相談し、心と身体を一歩一歩作って行こうね」と生徒に寄り添う面談。

（6）「どんなに勉強しても自分は能力がなく成績が向上しない」と嘆く生徒に、それは「君の能力がないのではなく勉強の方法が見つかっていないからだよ」と具体的に方法を示唆する面談。

（7）模擬試験で「○○大学はE判定だから、無理をしないで○○大学に志望を下げた方がいいよ」と生徒のモチベーションを下げるより、「まだ時間は十分ありますよ。現役生は最後まで伸びるからね」と希望と目標を与え、道を示唆する面談。

（8）「お前はどうせこんな著名な大学には行けないよ、無理はしないで地元の私立大学にしなさい」と、保護者が生徒の人格を否定したり、希望を阻んでいた場合に、「そうですね」と保護者に同調するのではなく、「お母さん、○○さんはどうしてもお父さんの病を直せるように、国立大学の医学部保健学科の看護師養成コースを目指しているのです。最後まで応援してみませんか」と生徒を擁護する面談。

（9）家庭的な事情を抱え、精神的に不安定で、いつも自傷行為をしてしまう生徒を、「こんなことをしたらダメじゃないか」と頭からたしなめるのではなく、「君は大切な先生の生徒だ。必ず君を待っている人がいるんだよ。もっと自分を大切にして、未来を目指して見ないか」と、心の奥に**寄り添う面談**。

（10）委員会活動や生徒会活動、ボランティア活動等、「好きな活動には力を注げるが、学習や提出物等、基本的な生活習慣ができていない」と叱るのではなく、「様々な活動で君はリーダー性を発揮していて素晴らしいねえ、でももっと多くの人々を救ったり、導いたりできるのは、まずは身の回りの小さなルールや学ぶべきことを、きちんと積み重ねていくことだよ、頑張ってみようよ」と**励ます面談**。

この10箇条は、様々な圧力を受け、「そんな面談では生徒は変わらない」と先輩教師に非難されても、いつも私は信念を曲げずに心に畳んで闘ってきた項目です。その結果、我が生涯の教え子達は、堂々とD・E判定から逆転し、生涯現役合格率87．8％の私の実績を支えたことは、すでに周知のところです。

皆、実際にその場で面談を受けた生徒たちが、私に「ありがとう、これからもずっと面談を続けていってほしい。後輩達を見捨てないでほしい。勇気を与えてほしい」と、私に言い置いていったからこそ、続けられた「面談」の要なのです。教師こそが、自分の実践を信じ、「生徒の声」を我が「教師」として、現実の生徒に正対する勇気を持たぬ限り、時代を牽引することはできません。貴方も、私の同志のはずです。どうか、生徒を信じて育ててあげてください。

第3章　多用な立場、視点からの面談

多様な立場、視点からの面談

読者の皆様、貴方が中学生、高校生であった時、担任の先生以外に、「面談」を受けたことがありますか。実際にはせいぜい部活動の顧問の先生くらいで、学校の先生や職員がどんな人がいたかさえ、覚えていないのではないですか。実は学校には様々な社会人がいるのです。壁にぶつかり困惑した生徒は、藁《わら》をも掴むような気持ちで、周囲の大人を眺めるものです。

でも、そういうデリケートな生徒ほど、心が優しく、「両親には心配はかけられない」、「担任の先生は忙しそうで、声をかけるのも申し訳ない」、「部活顧問の先生は、いつも3年生の指導で手一杯だ」と、自分を後回しにするのです。その時、もし「あの子はどうしたのかな、いつもあそこにしゃがみこんで」と気づく大人がいたのなら、副担任の先生でも、学年主任の先生でも、養護教諭の先生でも、事務室の職員でも、誰でも声を掛けられたはずです。その機会を見逃せば、その生徒の人生がまた光を灯すチャンスを失うことになります。

平成30年度もまた、様々な中学校や高等学校、中等教育学校等で、進路講演のあとの「希望者面談」を実施しています。ある学校で、私に相談に来た生徒に、「担任の先生にご相談できなかったなら、どうして副担任の先生や、学年主任の先生に相談に行ってみないの。行ってみたら、きっと別な角度からの助言が聞けるかもしれないよ」と尋ねると、「私は担任じゃないから、私に相談してもしょうがないよ、まずは担任に相談してみたら」と皆に言われましたと、泣きながら言うのです。大変驚きました。

本来、「学校」は、いつでも誰でも、不安定な生徒の心に向き合い、教職員として道を示し、育む使命を負っています。たとえ、事務職員であっても、公仕や給食職員、栄養職員、図書館司書や養護教諭であっても、校内にいる未熟な生徒に対しては、いつでも言葉をかけ、社会人として向き合うことができるはずです。それがいつの間にか揺らいでいることを、私は大変危機的に感じています。

皆様の学校はいかがですか。もし本書をお読みの方が、保護者の方なら、貴方のお子様が通う「学校」は、教職員がすべて、信念を持って生徒たちを育んでいる学校といえるでしょうか。もう一度、大切な原点に戻ってほしいのです。

いつから学校は、自分の職務領分のみを守る、生徒をないがしろにした教師が増えたのでしょうか。かつて私も精神的に苦しい高校時代を過ごした経験がありますが、ノーベル物理学賞を受賞した湯川秀樹先生の文章を読んで感銘を受け、手紙を書こうとした自分に、『湯川秀樹著作集』が学校の図書館にあることを教えてくださったのは、50代のベテランの図書館の司書教諭の先生でした。勇気を奮って図書館に出むき、しかも筆談で湯川先生の住所を聞きにいった私を、真っ直ぐ見つめて受け入れてくださったその先生を、私は今も忘れていないのです。

学校はあらゆる教職員が、「生徒」を育む場所です。「私は担任でないから、何もその子のことを知りません。だから面談など的確なアドバイスができるか分からないので、他の先生を薦めました」とおっしゃる貴方、先生方、それはあまりに寂しくありませんか。「面談」は初対面の私でもできるのですよ。勇気を奮ってきてくれた悩める生徒を、「私は貴方を知らないから、何もできない」と避けるのですか。生徒を知ることなら、たった今「目の前の生徒」の話を聞いてやり、それから十分知れば良いのではありませんか。

「学校」は生きているのです。そこに**教職員と生徒がいれば、「面談」はどこでもできるのです。**立場や視点を変えて、話を聞いてやり、大人として彼らにアドバイスをできないはずはないのです。

以下に、私が実践してきたことも踏まえて、可能な「担任面談」以外の面談を紹介します。貴方の学校では、これら新たな視点の窓が、十分に開いていますか。

教科担任（教科担当）面談・部活顧問面談

○教科担任（教科担当）面談

「面談」は担任だけが行うものではありません。多くの生徒が自分に合った「学習方法」が見つからずに悩んでいます。「教科担任（教科担当）」こそが責任を持って、生徒の実力伸長に関わるべきです。「忙しい、時間がない」と逃げ口上を述べて、少しも生徒に向き合ってこなかった教員を、私は沢山知っています。まずはそれだけの「教科指導力」があることが前提です。難関大学や地元の国公立大学の問題、難関私大や中堅私大、地元私大の問題を約１０年分くらいは解いていますか。分からない生徒には、「先生のところに来てご覧。いつでも教えてあげるから」と日々生徒に声を掛けていますか。生徒が学ぼうとする勇気を持つきっかけは「教科担任」が作るものですよ。

○部活顧問面談

「担任」や「教科担任」を信頼できない生徒も、部活動でお世話になっている「顧問」の先生の話は、真摯に聞くものです。その「部活顧問」が大学や短期大学、専門学校や公務員、民間就職のことに精通していなければ、生徒指導、学習指導、進路指導、教育相談に長《た》けていなければ、生徒に何も語ってやれません。部活の卒業生から、徹底して情報を収集し、将来への具体的な進路指導ができてこその「部活顧問面談」です。皆様は自分の部活の生徒をどこまで支えていますか。部活動を真に強くしたいと思ったら、顧問である貴方が、個々の生徒の学習を支え、少なくとも合宿や移動の際も、部活全体で教え合う雰囲気を作ってこそ、生徒は安心して付いてくるものです。

学年主任面談・進路指導主事（進路指導課長）面談

○学年主任面談

私は、常時行っていました。たった１５分でも朝１人、昼２人、放課後３人、長期休業中１日１０人等、「学年主任が「面談で話を聞く」というだけで、生徒は緊張しますが、逆に「担任」では気づかない角度からの助言ができるものです。「学年主任」はすべてのクラスの現状、問題点を把握すべきです。直接生徒と面談することによって、各クラスの指導の誤差に気づけるものです。そして生徒に、担任には言えない「秘密」を語れる「もう１人の教師」の存在を知らしめることになります。これを始めてから、生徒は様々な時に相談に来るようになりました。どんなに忙しくとも、「今日は会議だけれども、明日の放課後はこの時間なら空いているからおいで」と、声をかけるだけで、どれほど生徒に希望を与えることになるか、貴方は知っていますか。

○進路指導主事（進路指導課長）面談

進路指導主事、ないしは進路指導課長（西の地方ではこう呼ぶことも多いのです）は、３年生の高校生活の最後に、生徒の進路目標達成に責任を持たねばなりません。

かつて勤務した受験校は、１学年３２０名の定員のうち、１２０名ほどが国公立大学に進学する程度で、「現役で１０名が東京大学、１５名が東北大学、８０名が慶應義塾大学と早稲田大学に合格すればそれでよい」ということが不文律の学校でした。私はそれに異を唱え、「３年生全員面談を実施し、国公立合格者を２００名にしてみせる」と秘かに実践したのです。確かに大変なことでしたが、３２０名全員に進路指導主事の「個別面談」

を実施し、それぞれの力に見合った合格戦略を授け、彼らを励ましました。その結果、現役で東京大学13名、京都大学8名、東京工業大学8名、一橋大学6名、東北大学25名が合格、公約通り国公立大学に200名が合格したのです。

この年、慶應義塾大学・早稲田大学も徹底して研究し、攻略方法を確立、現役で慶應義塾大学に84名、早稲田大学に78名、早慶現役合計者162名となり、過去最高の合格者を輩出しました。すべては「進路指導主事面談」で生徒に正面から向き合ったことの成果と考えています。何よりも教員たちの「先入観」が生徒を潰していたことに、教員生命を賭けて闘いを挑んだことの成果と思っています。「進路指導主事」は「学年主任」よりも、出張も多く多忙ですが、時間は作るものです。この時の生徒は皆社会人となっていますが、今でも、私を信じて、様々な企業や公官庁の現場で求められている力を、高校生や大学生のために教えてくれるのです。

生徒指導主事面談、主幹教諭・指導教諭面談

○生徒指導主事面談

「生徒指導主事」に面談されるというと、生徒達は何か生活上の問題を突き詰められるのではないかと、警戒しがちですが、部活動や生徒会活動で最も生徒の実態を把握し、生徒の良さも弱点も知っているはずなのが、生徒指導主事です。毎日の挨拶の仕方や、睡眠や食事、携帯電話のマナーやコミュニケーションの取り方まで、実は将来の進路に最も大切な部分を指摘できるのが「生徒指導主事面談」なのです。推薦入試やＡＯ入試に最も指導力を発揮してくれるのも、この「生徒指導主事面談」でした。

私は自分が進路指導主事であった時は、時の「生徒指導主事」と互いに手を結び、「生徒指導と進路指導は、実は表裏一体。部活動をしっかりやらせて体力や精神力を付け、高校総体・インターハイ、高文祭が終わったら、しっかりと勉学に切り替えさせる。そのため、早朝のみは、３年生は課外・補習を実施するが、放課後は高校総体・インターハイ終了まで一切課外・補習は実施しない。添削指導のみを徹底する。その代わり、終了後、勉

学への切り替えは一斉に行う旨、部活顧問に徹底してほしい」と申し入れ、最初の職員会議で周知させました。これが学校の改革力を高めたと今も思っています。

○主幹教諭・指導教諭面談

次期管理職ともいえる、校務運営全般に精通している「主幹教諭」「指導教諭」は、「学年主任」に比較して、生徒との関わりを持ちにくいポジションとして、生徒の「個別面談」には、余裕がないように見えます。しかし、「学年主任」や「教科主任」を経験したベテラン教員の経験は、生徒に対する「生徒指導」「進路指導」を行う上で、極めて重要なアドバイスに繋がるものです。是非、遠慮なく、希望生徒に「個別面談」の機会を与えてあげてください。思わぬ発想と「学校改革」の鍵を、生徒たちは与えてくれるものです。様々な角度からの面談は、「学校」の生徒把握、保護者把握の手段としても有効です。ＰＴＡからの支援も、同窓会や後援会からの支援も「主幹教諭」や「指導教諭」の面談から、気づきが得られ、実践に結びついた事例が山のようにあるのです。是非、その気づきは「教頭」「副校長」「校長」という管理職にも伝えて、生徒のためにより良い環境を作ってほしいものです。

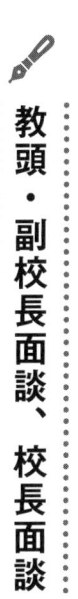

教頭・副校長面談、校長面談

○教頭・副校長面談

校長の片腕として、人事管理や生徒管理、学校運営全般に力を発揮するポジションですが、朝早くから夕方遅くまで、学校の要を握る教頭先生や副校長先生も、多忙ではあっても、毎日１人２人の生徒や保護者の相談に乗ることはできるはずです。私はとある総合学科の高等学校で４年間教頭職を務めましたが、１年生の時から、様々な特性のある生徒を見つけ出し、「教頭面談」を重ね、これまで学年で６人に１人の国公立大学合格実績を、４人に１人の現役合格実績に伸長させた経験があります。教頭職でしたので、全員と面談という訳にはいきませんでしたが、４年間で３６０人程度が、私の「教頭個別面談」を受けて、模試のＤ・Ｅ判定を越えて、挑戦していった教え子たちの数です。彼らもまた、今でも時々、大学や大学院、入社した企業の情報を「先生の今の教え子達のために使ってください」と送ってくれるのです。本当にありがたいことです。

「教頭や副校長になって、生徒が遠くなった」と嘆いている貴方、それは貴方の先入観です。部活動の応援席の片隅や、保護者が落胆している子供の不祥事の説諭の後でも、生徒の本音に迫れる「面談」ができるはずです。大変な職務であることは承知していますが、貴方も「1人の現役の教師」です。その矜持《きょうじ》を示してほしいと願うものです。

また、学校の変革にあっては、教頭・副校長の力が欠かせません。しかし、だからこそ「教師」の悩みに向き合うだけではなく、「保護者」や「生徒」の悩みに向き合ってこそ、新たな道が見えてくるものです。どうか校門に立ちながら、生徒に朝の挨拶をすると共に、「いつでも先生に相談においで」と笑顔で言ってやってほしいものです。

○校長面談

管理職になれば、膨大な事務処理と、対外的な役職、校内の問題に日々対処せねばなりません。しかし、校長先生と面談したことのある高校生は、全国でごく少数のみなのです。最もベテランであり、様々な課題を乗り越えてきた校長だからこそ、今学校で悩んでいる生徒に大きな勇気を与えてあげる機会を持つべきです。私は最後の勤務校での3年間（卒業学年の3年生は4月から7月までの4ヶ月間で）、全員の「校長個別面談」を実施し、生徒の将来、希望と向き合いました。3年生は1学期の間に実施できたことで、夏季休業中に具体的な、それぞれの生徒の受験戦略を授けることができました。それ以外でも、面談希望者は1年生でも2年生でも、いつでも校内にいる場合は最優先で時間を設けました。赴任当時は校長室に出入りする生徒は清掃担当の3年生以外おりませんでしたが、2つある校長室のドアに、1つには「フクロウと三日月の藍染めの暖簾《のれん》」を、もう1つのドアには、同じく「フクロウと満月の藍染めの暖簾《のれん》」をかけ、真冬以外はいつもドアを開けておきました。そして全校集会の時に生徒に伝えたのです。「校長室のドアは、いつでも君たちのために開けてある。何か相談があるとき、話したいことがあったらいつでも「三日月」の暖簾《のれん》のドアから入っておいで。そして私と面談をして不安な気持ちをはき出して、一杯泣いてもいいから、話したあとはにっこり笑って「満月」の暖簾《のれん》のドアから出ていくのだよ」と。フクロウは知恵の神様の化身、多くの高校生は『ハリー・ポッター』を読んでいたのです。何人もがそっと校長室にやってきました。そして何人もが家庭の事情や、心の悩み、身体が言うことをきかない苦しみをはき出していきました。「校長面談」の意味を生徒はよく理解していたのです。

延べ1004回の面談は、学校改革の上にも大きく役立ちました。赴任時定員割れしていた勤務校が、翌年1．46倍に、そのまた翌年も1．47倍と上昇したことも、「生徒の声」を活かして改革に努めてきたからだと思っています。

ここには記せない内容の面談も沢山ありますが、「生徒」あっての学校です。

校長こそが、生徒に正対しなければ、学校は前に進みません。どうか、職務で学校を空けてばかりおられる校長先生方、原点に戻りませんか。貴方が生徒に真に向き合うとき、保護者も教職員も、地域住民も、貴方を信頼して付いてくるのですよ。

この他にも、「教務主任面談」、「教科主任面談」、「教育相談面談」、「養護教諭面談」「事務部奨学金面談」「図書部読書相談面談」「中学生志望者面談」等、学校の個性にあわせて多様な「個別面談」のスタイルを実現できるはずです。「個別面談」に時間を割けない学校は、丁寧な指導を放棄した学校です。各学校で十分に考えるべきでありましょう。

誰もが昔、中学生であり、高校生でありました。地元の保育園や幼稚園から始まって、小学校、中学校と通学範囲が広がってくるに従って、「社会」が広がってきます。大概は同世代の「友達」「友人」「仲間」が、園児、児童から生徒に呼び名は変わっても、彼らを導いてきたのです。そしてそれを見守って来たのが、保護者であり、教師でありました。

高校生になると、生徒達には大きな負荷がかかります。もうすぐ「自立」して、保護されてきた家から出て、自活する道を歩まなければならないからです。

それは誰もが通ってきた道筋でありながら、「不安な未来」と向き合う道なのです。今本書を読んでくださっている貴方も、かつての若き日、遠い都会の進学先や、異郷のような進学先、就職先で夜一人涙したことはありませんか。その時誰が貴方を助けてきたのでしょうか。心の中にある沢山の「面談」の声が、貴方を支えてきたのではありませんか。

私は遠い故郷で私のことを真剣に支えてくれた「先生」の言葉を、最後まで忘れません。「君は表現する才能がある。決して諦めてはならないよ。いつか人々の心に響く言葉を紡ぐ詩人になるのだろう」と励ましてくれた、多くの大人達の声を忘れません。

先生方、貴方が今面談しようとしている生徒は、貴方の一言で人生が開けるかもしれないのです。勇気を持って、彼に、彼女に、真剣に向き合ってくださいませんか。それが学校を生きたものに変えるのですよ。

第4章 生徒を育む面談の仕掛けと勇気を与える面談力

生徒を育む面談の仕掛け

「面談」は、生徒達にとって「将来を見つめ、生き方を見つめ、社会にどう出て行くかを考える大切な糸口を与える機会」です。単に志望校を決め、学習状況をチェックする場ではないのです。それを皆様は忘れていませんか。

高校生活の中で、生徒にとって「きちんと時間をとって、担任や教科担任、他の教職員と話す機会」はそう多くはありません。我々が教師である以上、毎回毎回この「面談」の機会が、生徒にとって「どのようなことを考えさせる機会なのか」を、周到に考察し、「生徒に前に進む勇気を与える言葉」を吟味し、彼らを牽引すべきです。

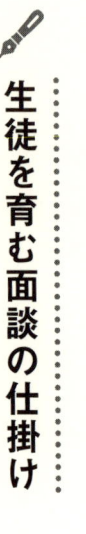

それには、日常的に生徒について詳細に把握し、どういう角度でアプローチを図るべきかを絶えず考えなければなりません。

まずは、先ほども述べましたが、「個別面談の基本」6箇条を念頭に置き、生徒に「話しやすい雰囲気」を、貴方がた自らが作る必要があります。そして生徒自らが本音を語るために「待つ」姿勢を貫くこと。それはただ教師のことを受け入れて「与えられることに慣れた自分」を、生徒自らが改造し「自ら考える姿勢」を醸成することに繋がらねばなりません。

最近の高校生や保護者は、短絡的に応えを求めようとしています。例えば「どうしたら地元の国公立大学にいけるのでしょうか」という質問。私はその問いに応ずるにあたり、「それならば地元の国公立大学の学長さんの名前を知っている？」「何学部に進みたいの」「誰か知っている大学の先生はいますか」と畳み掛けて行きます。国立大学と公立大学の差は、圧倒的に国庫からの補助金の違いにあります。私立大学の初年度納付金、授業料も、主な大学なら我々はすぐさま違いを言うことができます。そうしたことを1年次から「個別面談」で正しく伝えていける高校と、単に個人の教師の力量に負っている高校では、3年後の生徒の伸長度が大きく異なってくるのは当然です。

「生徒を育む面談」は、面談の中で決して「正答」を与えないこと。それを仕掛けるには、生徒を大切に思っていることを伝える「丁寧な言葉遣い」に心がけ、「個別面談」を通して「絞りきった課題」を明確にし、今後の行動を示唆し、それぞれに考えさせることができる面談です。

「君は数学がだめだなあ、これでは大学進学は難しいよ」「勉強していないなあ、このままではしょうがないだろう」等、生徒を否定する文言は、決して生徒を成長させません。教師の悪い癖は、それを何気なく言ってしまうことにあるのです。

「君ならきっとできる。考えて実行してご覧なさい」「この教科はまだ学習結果が出ていないけれども、いい答案を書いたねえ」等、絶えず現実の生徒が直面している問題に寄り添い、プラスのアドバイスを重ねることがコツです。

また、「面談」はどこでもできます。部活動の試合で、レギュラーになれず、ベンチにずっと座っている生徒がいたら、そっと脇に座り込み、「いつも頑張っているなあ、何か相談があったらいつでも来るんだよ。先生はいつでも待っているからな」と声を掛けるだけで、その子の心に、その教師の姿が残るのです。そして、誰にも語れぬ話を「先生、聞いてほしいことがあるんだ」といつか貴方に頼る時が来るのです。

いつでもどこでも「個別面談」はできます。生徒が「語る勇気」を持ったとき、教師が必ず受け入れて「ああいいよ、放課後ならいつでもいいよ」と応えることができれば、必ず貴方と生徒と、「心が通う面談」が可能となります。

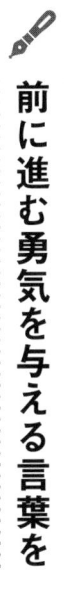

前に進む勇気を与える言葉を

「勇気を与える面談力」とは、「生徒が未来に挑戦することをサポートする力」です。そのためには、我々教師は、生徒の疑問にいつでも応えられるように、最善の努力を絶えず重ねている必要があります。そして、第1章で述べた「学校としての基本」「教師としての土台」を絶えず胸に畳んで、生徒に向き合うことが肝要です。人は皆、職務に慣れ始めると、最も大切な基礎基本を後ろに追いやり、楽な自分を許容しようとするのです。「教師」にはそれは決して許されません。

私は「自信がない」と嘆き、何もしないで止まっている生徒に、「○○君、先生と一緒に考えてみようや。誰でも自信なんてないんだよ。ただ、3年間でここまでやりきったという、心理的充足感が「自信」を生むんだよ。先生をご覧、小学校2年生から高校2年生までの9年間、ずっと自分の殻に閉じこもり、沈黙の中で人とコミュニケーションが取れなかった劣等生でも、「志」を持ったとき変われたんだよ」「○○さん、折角この世界に偶然に授かった命だ、あの大震災の時に多くの罪もない人々が亡くなったよね。先生の古い友人は3人、波に呑まれて帰ってこなかった。理不尽だよね。辛いよね。それは偶然私たちが生かされているということではないのかね。70余年前に私の父達は16歳で特攻隊に志願し、死ぬことを使命と教わって出撃した。私たちはたまたま平和な時代に生を受けたんだよ。だからたった一度の人生、命を輝かせてみないか、自分を磨いてみないか」と、静かに語りかければ、彼らは必ず心を開き、「**勇気**」を持って前に向こうとするのです。そのために各生徒に、何を語るのか、教師の生き方がそこに求められます。本書をお読みの先生方、私は「生涯の進路指導」を信条として生きています。

かつて捨てられていた生徒であった私は、湯川秀樹（日本で初めてのノーベル物理学賞受賞者）という1人の教師によって「人生に目覚め」「学ぶことの意味に開眼」し、たった一度の湯川先生の「個別面談」で、9年間の闇の世界から救われました。

だからこそ、勤務県での4820人の直接の教え子、県外の講演で師事を求めてきた約680人の教え子を、生涯支えていきたいと考えています。たった5500名の教え子たちですが、その背後には約2万５０００人の教え子たちの家族があり、教え子とその家族達が、今の私の「教師」なのです。すべてかつて「個別面談」で泣きながら私に訴えた、「弱き心」の生徒達でした。

それを励まし、多くの教師や保護者が「この子にはそんな進学先は無理だ」と断定した「不可能に」挑んで参りました。しかし、決して不可能ではありませんでした。人間の作る「先入観」ほど、曖昧なものはありません。

模擬試験でＤ・Ｅ判定しかもらったことがなく、誰もが否定した彼らが何十人も、後に「逆転の山口」と呼ばれた私の「個別面談」で劇的に変化し、東京大学や京都大学、東北大学等の難関大学に合格し、医学部医学科に挑戦し、現役で合格していきました。早稲田大学や慶應義塾大学といった私立難関大学にも、百人単位で合格してきた現役合格実績が私の教え子達の闘ってきた軌跡です。今や、彼らは立派な社会人としてこの国を支え、人の親として堂々と生きています。私は老いましたが、生涯、彼らの前を生き、生き様と死に様を見せて、この世から静かに消えていく覚悟です。

それが私の「一教師」としての誇りなのです。

本書を読まれている「教師」の皆様、これからは貴方がたの時代です。次代を担う若き生徒たちのために、貴方が、新たな時代の「**生徒を育む面談の仕掛け**」を考え、「**勇気を与える面談力**」を磨かねばなりません。私は今は大学の教師ですが、命ある限る生徒を支え、求められる機会がある限り、共に生徒と学び、悩みを共有して前に進むつもりです。

「**教師として生きる勇気**」を、**今こそ必要とされている時代はないのです。**

第5章　3年間の面談計画

3年間の「二者面談」、「三者面談」計画、そのポイントと留意点

1年生

4月

担任と生徒との信頼関係を築く面談

☑中学生（中等部）の時に、最も関心を持って一生懸命にやってきたことを確認し、高校生になってみて、やりたいことをはっきりさせて、高校に通う「意欲を喚起する」時間にする。

☑起床時間や朝食の摂取の有無、通学方法や学校までの所要時間等、基本的なことを把握し、「高校生活に慣れるためのの基本を確認する」時間にする。

☑高校入学後の不安なことや、家庭での学習環境等、できるだけ本音で語り、「生徒の実情を把握する」時間にする。

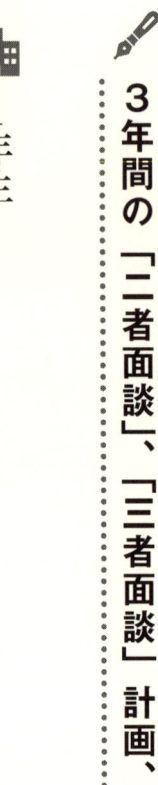

5月

連休明けの体調や精神状況を把握する面談

☑高校入学後、初めて数日間身体と心を休めてみて、高校生活が「大変だと思ったことを確認」し、「不安を取り除く」時間にする。
☑部活動では、先輩との関係がうまく持てそうか、話を交わせるような仲間ができたかどうか、「校内での人間関係の構築の度合いを確認する」時間にする。
☑中学時代とは異なる、予習・復習の必要な各教科で、「家庭学習時間の配分がうまくできているかどうかを確認する」時間にする。

7月

高校生活の基礎を構築し、将来を考える契機にする面談

☑4月から7月までの日々の学習を振り返り、中学から高校へとステップアップした生活・学習習慣の現状を確認し、高校生としての「生活の不安や恐れを払拭して、前を向かせる」時間にする。
☑通学に慣れたかどうか、部活動も継続して熱中できているかを把握し、高校生1学期の「今の自分を振り返る」時間にする。
☑3年後の自分をイメージし、将来自分が、大学・短期大学・専門学校への進学を目指したいのか、公務員や民間就職のように、就職し、いち早く社会に出たいのか、「目指したい将来の方向を考えさせる」時間にする。

9月・10月

夏季休業を終えた後の、気持ちの引き締めを行い、文理選択を考える契機にする面談

☑夏季休業を経て、学校生活に慣れた状況で、クラスメイト達や部活動での「人間関係を確認する」と共に、教職員との関係も確認し、「対人関係での不安はないかどうか」を押さえ、「生活満足度を測る」時間にする。

☑長季休業明けの、「弛緩した生活を引き締め、学習に向かう姿勢を問い直し」、将来に向けてどういうコース、文系理系どちらを選択すべきか、「未来を考えさせる」時間にする。

☑高校入学半年後の初めての模擬試験結果や適性検査等を振り返り、1年次の後半で、「いかに学習を深め、部活動と両立するか等、相談に乗る」時間にする。

12月

コース選択、文理選択等将来の進路を考え、高校1年の学習の基礎基本を固める面談

☑「コース選択や文理選択の決定と共に、科目選択を確定」して、「将来に向けた具体的な学習を、大きな視点で考える」時間にする。
☑２学期も後半となり、日常の家庭学習、及び部活動や生徒会活動、委員会活動等が併行してうまくできているかどうかを確認し、「冬季休業を有効に活用する」時間にする。
☑これまでの模擬試験結果を分析し、「弱点分野を明確にする」と共に、資格試験の合否状況も考慮し、「今後の学習の方法を示唆する」時間にする。

2月

2年0学期を意識させ、1年次の学習の総復習を行い、進級準備を図る面談

☑３学期は、高校入試に関わり「家庭学習日」が増える時期となる。２年０学期として、１年次に学習した「基礎基本事項を総復習」し、現実的に「将来への具体的な進路を考えさせる」時間にする。
☑コース選択。科目選択によって、これまで親しんだクラスから、新たな進級後のクラスに馴染めるか不安を抱えている生徒を励まし、「不安を解消すると共に、前向きな将来への目標を考えさせる」時間にする。
☑進級後、中核学年「2年生となる自覚を持たせ」、これから入学してくる「後輩達の範となり、部活動や生徒会活動等を責任を持って担い、効率的な運営を目指すよう考える」時間にする。

2年生

4月

2年生に進級した自覚を促し、新担任と生徒との信頼関係を築く面談

☑学校の中核学年として、部活動や生徒会活動、学校行事などの運営の要として、自覚を持って学習も学校生活も充実させるよう、「意欲を喚起する」時間にする。
☑将来への目標たる上級学校への進学や就職に向けて、「明確な展望を持ってこの1年を過ごすことを示唆する」時間にする。
☑オープンキャンパス・公開授業や職場見学会など、自ら行動し、自分の目で見、耳で聞き、必要とされる具体的な情報を収集する方法を考え、「現実的な進路を示唆する」時間にする。

5月

連休明けの体調や精神状況を把握する面談

☑２年生となり、初めて身心を休める機会となる。文理選択に則った新クラスが、「自分に合った選択であったかを確認」し、不安を抱えている兆候があれば、「不安を解消する」時間にする。

☑部活動やその他の諸活動で、中核学年２年生として後輩や先輩との関係がうまく保てているか、新たなクラスで親しく言葉を交わせる友人ができたかどうか、「新学年の人間関係の構築の度合いを確認する」時間にする。

☑２年生となれば勉強の中身も難しくなり、予習・復習も必ず必要になる。「家庭での時間配分がうまく実践できているどうかを確認する」時間にする。

7月

2年次の1学期を振り返って、具体的な課題を挙げ対策を練り、将来に繋げる面談

☑２年生として、諸活動の中核となる「自覚を持って行動する」と共に、勉学面でも「工夫して学習し、物事を深く考えさせる契機となる」時間にする。

☑2年次1学期の終盤、部活動や生徒会活動、委員会活動等の課題と、学習面での課題を明確にし、「夏季休業中の補習や諸活動に、具体的な目標を持って取り組むよう示唆する」時間にする。

☑大学見学や短期大学や専門学校のオープンキャンパス、職場見学やインターン等、自分が目指すべき将来をイメージし、実際に複数回足を運んで、施設や人材等を確かめ、「具体的な情報をもとに、実践的な勉強を開始する契機とする」時間にする。

9月・10月

2年次後半戦、進学者は受験科目を確定し、公務員・就職志望者も模試が始まる転機の面談

☑夏季休業中の弛緩した生活や学習意識を引き締め、将来目指すべき目標としての職業や上級学校への進学に対して、具体的な「志、意欲を喚起する」時間にする。

☑高校生活も半ばを過ぎ、公務員・民間就職希望者は、あと1年に迫ったと

いう「自覚を持って小論文や課題作文、面接対策を始めるよう示唆する」時間にする。

☑２年次秋は、将来を左右する大切な時期。オープンキャンパスや職場見学、合同進路説明会等には、部活動の合間を縫って必ず参加し、「自ら刺激を与えて学習意欲を高め、自己の将来ビジョンの確立とモチベーション向上を示唆する」時間にする。

12月

自らの将来を真剣に考え、進路を絞り、具体的に深く考えさせる面談

☑３年次のコース選択や科目選択を完了した今、上級学校進学は「具体的な受験科目を確定」し、公務員試験や民間企業志望者は、「実践問題攻略に向けて、確かな勉強のスタートを切るよう示唆する」時間にする。

☑２年次半ばから進めてきた公務員や民間企業就職対策を振り返り、自らに足らない部分は修正し、カウントダウンが始まった「残された時間を、小論文や課題作文、面接対策も含めて計画的に行うよう示唆する」時間にする。

☑冬季休業を有効に活かし、これまで活動の中心だった部活動や生徒会活動等を、速やかに後輩に譲れるように、下級生を育て、3年次を見据えた指導計画を立て、「自らも将来の目標を達成すべく逆算した戦略を考察する」時間にする。

2月

3年0学期を意識させ、1・2年次の学習の総復習を行い、いち早く進路実現に邁進させる面談

☑3年0学期として、学習への緊張感を高め、自分の夢や志、目標となる上級学校への進学、職業へのアプローチを加速し、「意欲を深める」時間にする。

☑進学希望者には、大学・短期大学・専門学校それぞれに「学習進捗《しんちょく》状況を確認」する。公務員、民間就職希望者には、すでに対策前半を終えた小論文・課題作文・面接対策などの進捗《しんちょく》状況の点検を行い、「対策後半の詰めに向かって、次なるステージを示唆する」時間にする。

☑部活動や生徒会活動等の中枢たる最後の充実期に向けて、来たるべき3年次前半の具体的日程、予定を確認し、引退の時期を見据えながら、「最上級生となる準備をするよう示唆する」時間にする。

3年生

4月

最終学年として進路目標達成の自覚を促し、新担任と生徒との信頼関係を築く面談

☑最終学年として、生徒会活動や委員会活動、部活動、学校行事などの運営の中心として、「悔いのない活動をするよう示唆する」と共に、「引退後、進路目標達成のために、一心不乱に勉学に邁進《まいしん》する意志を確認する」時間にする。

☑目前に迫った進学や就職に向けて、具体的な「方法と戦略を持って目標を達成することを示唆する」時間にする。

☑進路希望達成に至るための、大学受験模試、公務員模試、民間就職模試等、それぞれの目的に沿った受験計画を、実際の試験日から逆算した時間で構築し、「何をどう学ぶべきか、明確な対策を示唆する」時間にする。

5月

連休明けの体調や精神状況を把握する面談

☑3年生となり、やっとほっと一息、身心を休める機会となる。3年次の文理それぞれのクラス選択が、「自分に合った選択であったかを再確認」し、不安を抱えている兆候があれば、「不安を解消する」時間にする。

☑部活動やその他の諸活動で、最上級学年3年生として後輩や先輩との関係がうまく保てているか、新クラスで親しく言葉を交わせる友人ができたかどうか、「新3学年の人間関係の構築の度合いを確認する」時間にする。

☑3年生となれば進路を固めねばならぬプレッシャーに、勉学も部活動も中途半端な思いで苦しむ場合がある。「自宅でバランスのとれた学習がうまくできているどうかを確認する」時間にする。

7月

部活動等を引退し、進路目標達成に向けた切り替えを完了させる面談

☑最終学年として諸活動の引退の後、進路目標達成のため、弱点補強に努め、基礎基本を固めつつ、実際の受験（大学・短期大学・専門学校、公務員、民間就職）に向けて、「社会に出る意欲を喚起する」時間にする。

☑進学や就職に向けて、最終目標のゴールを意識し、「過去問」を徹底して分析し、「一般試験から逆算した学習到達目標を示唆する」時間にする。

☑夏季休業中は、進路目標確認のため、実際にオープンキャンパスや体験授業を経験する最後の機会。こうした機会をフルに活用し、モチベーションを保つと共に、夏季休業中の補習や学習合宿、大学訪問などの学校での企画は最大限に活用し、「受験対策を意識して行うように示唆する」時間にする。

9月・10月

夏季休業後の勝負の時、推薦入試での合否に左右されず、最後まで一般入試で勝負、と鼓舞する面談

☑３年次１０月となれば、すでに進学先や就職先が決定する生徒が出始める時、推薦入試や公務員試験、民間就職試験は「落ちて当たり前、受かれば儲けものの世界」。すでに決まった者を羨《うらや》むことなく、自分の未来に向けてひたすら邁進《まいしん》するよう、「社会に出る意欲を喚起する」時間にする。

☑公務員試験や民間就職の内定が出ない生徒にも、最後まで諦めない姿勢

を応援し、あくまで「実力を付けて社会に出るよう、進学への方向転換も踏まえた戦略を与える」時間にする。

☑大学等の上級学校の受験を考えている生徒には、センター試験（2年後からは「大学入学共通テスト」）の出願指導を徹底し、志望校ごとの「過去問を早めに分析し、対策を立てて「2次記述力」の養成を行う」必要がある。各教科科目の先生に「添削していただく体制を整備し、支援する姿勢を示す」時間にする。

12月

進路実現のために最後まで努力を促し、学習を支援する面談

☑センター試験や一般入試を目指す生徒には、受験に向けて「生活パターンを朝型に切り替え」、限られた時間で各教科の先生方に添削指導を継続して支援いただくことを示し、「安心して勉学に最後まで挑戦するよう示唆する」時間にする。

☑3年次12月となれば、「内定」やAO合格、推薦合格を得られた者は、卒業までに様々な検定や資格試験に挑み、社会に出る準備期間となる。一般入試に最後まで挑戦する仲間達のためにも、「自覚を持って最後の高校生活を過ごすよう示唆する」時間にする。

☑就職内定や進学先が「確定した者も、最後まで授業をしっかり受けて、教養を身に付け、社会に出てからの力にするよう示唆」しつつ、「一般受験に挑戦する仲間を支えるよう協力を求める」時間にする。

1月

進学者は志望校を決定し、最後まで挑戦させる面談。就職・公務員内定者は社会に出る準備を促す面談

☑３年次1月下旬には、進学者には国公立大学前期・中期・後期日程の出願パターンを相談し、志望校を確定すると共に、私大対策も周到に行い、「挑戦校・実力相応校・安全校と戦略を持って受験し、緊張感を維持しながら受験に臨むよう示唆する」時間にする。

☑公務員試験や就職試験で内定が出なかった生徒には、進学に切り替えて、再度上級学校修了後希望職種に挑戦する機会があることを伝え、「未来の再挑戦を示唆する」時間にする。

☑公務員や就職内定者、及びＡＯ入試、推薦入試で進学先が確定した者には、「一般入試にこれから挑戦する仲間を支援するよう指導」し、内定した自分たちも資格試験等に挑戦し、「社会常識を最後まで学んで卒業する姿勢をもたせる」時間にする。

3月

進路未確定者に対する支援のための面談

☑３年次３月２０日過ぎの、国公立大学後期試験でも合格が得られなかった者、私大３月入試でも合格が得られなかった者には、家庭に経済的な余裕がある場合は、「予備学校（大学受験予備校）の選択の相談に乗る」時間にする。また、経済的な余裕がない家庭の場合は、「新聞奨学生として予備校に通う方法、自宅浪人で高校に時々相談に来て再チャレンジする方法を示唆する」時間にする。

☑就職・公務員浪人の場合は、受験指導に定評のある公務員養成専門学校を勧め、再挑戦を支援する時間にする。

以上が、私が直接指揮してきた学校群の通常の面談の時期とポイントです。参考にしていただければ、幸いです。

通常は、1年生は（4月、7月、9月・10月、12月、2月）、2年生も（4月、7月、9月・10月、12月、2月）、3年生は（4月、7月、9月・10月、12月、1月）の5回が常道ですが、1年生の5月、2年生の5月、3年生の5月は、いずれも「メンタル面・身体健康管理面の面談」としては欠かせぬものとなります。

5月の面談は、たとえ1人10分でもいいですので、連休明けに実施すると、生徒の心身の状況が十分把握でき、生徒や保護者と教師との信頼感が高まり、教育的にも重要なポイントとなる機会といえましょう。但し、これがなかなか実施できていないのが、全国の高等学校等の実情です。

また、3年の3月の面談も通常は、イレギュラー的な面談で、正規に面談計画に入れている学校も少数です。しかし、最後まで国公立大学中期・後期試験を狙って挑戦した生徒ほど、その学校の教えを守って学んできた生徒です。きちんと最後まで学校が面倒を見て、再挑戦を見届けてこそ、信頼を勝ち得る道に繋がりましょう。こうしたことも、ほとんど担任任せという学校も沢山ありますが、私は自分が進路指導を担当していた時、卒業時の3月次の面談が、翌年の難関大学合格者数に大きく影響することを経験しました。やはり、「面談」を要に据えて、生徒を大切にしてこそ、学校は後輩たる生徒たちからも信頼を勝ち得ていけるのではないでしょうか。

第6章 社会への提言

社会が「面談力」を持つ時代が、今再び求められている

これまで、中学校や高等学校、中等教育学校での、教師である皆様のために、「面談」や「面談力」に関わる私の考えを述べてきました。また、2年間の日本進路指導推進協議会の「研究大会」で、全国の先生方が「面談」に対して何を課題と考え、現実の何に壁を感じているのかを、検証してきました。（詳細は後の資料をご参照ください）

しかし、生徒達を救うのは、「教職員」ばかりではないはずです。かつてはどんなに家庭が不遇でも、貧しい経済状況にあろうとも、近所や町の人々が、村の長老達が、子供達を温かく見つめ、時には厳しい言葉で、誤った方向にいかないよう、説諭してくれたものです。

今、先進国と呼ばれる一角に位置を占める日本は、真の教育国家と本当になり得たのでしょうか。わずか150年前、「教育こそがこの国の礎である」と信じた明治維新の先達たちは、全国の津々浦々に学校を作り、識字率を飛躍的に高めるため、師範学校を、教育

学部を整備しました。幼児の死亡率を下げるために、全国のあちこちに医専や看護専門学校を創設し、医学部を立ち上げ、医者を、看護師を育て、衛生環境を整備してきたのです。「学生」は国の宝であり、「子供」は国の未来でありました。

社会で生きて行くのは、極めて厳しい時代でしたが、だからこそ「社会人」と呼ばれた「大人」たちは、周辺の子供たちにも目を配り、畑や道ばた、海岸の片隅で、時には空を見ながら、時には波に凪ぐ水平線を見ながら、「なあ、今日も一日無事だったなあ。お前たちはしっかり勉強して、この町を支えてくれよなあ」と、小さな巷の「面談」をしてくれたのでした。悪さをするとカンカンに怒って「この馬鹿者！」と、親でなくとも、どの子も隔てなく怒鳴ってくれる親父さんが、叔母さんが沢山いたのです。

確かに今はそんな時代でないことは十分に分かっています。しかし、「人はひとによってしか変われません」。ＡＩがいくら進歩しようと、苦悩する生徒たちの様々な表情を素早く察知する術を、声の震えから感情の起伏を読み取る術を、人間以外の誰が持てるでしょうか。私は「教師」です。そして社会に育てられた「大人」です。

本書を手に取られた、沢山の保護者の皆様、地域の皆様、そして共に生涯を「子供たちを育てること」に賭けてきた沢山の同志たる「教師」の皆様、この世のすべての社会人の皆様、もう一度自分の社会の中での「面談力」を磨きませんか。

貴方の決意一つで、貴方に出逢う多くの「子供達」「生徒達」「若者達」が、救われるのです。今度は貴方が社会を育てる時がきたのです。

この第6章には、高校教師を退職し、一個人として地元新聞に7度にわたって連載した文章の一部を転載させていただきます。

私は社会人すべてが「面談力」を磨くべきだと考えているのです。7回の記事の中から3つのみを掲載いたします。私の思いの一端を共有していただければ幸いです。

視点　「おはよう」の声掛けを　（子供の見守り）（『上毛新聞』「オピニオン21」2016年11月掲載）から

「秋は喨喨と空に鳴り
空は水色、鳥が飛び
魂いななき
清浄の水こころに流れ

こころ眼をあけ
童子となる」

神無月（１０月）に入るといつも決まって胸に湧いてくる、詩人高村光太郎の詩「秋の祈り」の冒頭である。詩はこの後も続き、自然という大きな存在の前に、人は童子のように畏敬の念を抱き、素直に季節の前に自らを委ねることを知る。

本来はこころを澄ませて、書に親しみ、空の青さや陽光の優しさ、人生の深さを感じる季節。しかし、台風の被害や阿蘇の噴火など、この国を取り巻く自然環境は、明らかに変化しているように思う。

私はこの３月末まで高等学校という教育現場で、数多くの生徒達に接してきた。早朝日々立って「おはよう」と言うだけで、生徒達は様々な表情で「おはようございます」と言葉を返してくれる。毎日生徒達が教室に入ると、ぐるりと校舎を１周し、空を見上げ、木々の匂いをかぎ、「あの子の表情が少し気になる」と思った場合は、そっとその教室を覗《のぞ》きにいったものだ。

不安定な自然の状況と同様に、高校生といえども日々家庭や学校で、人には言えない様々な壁にぶつかるのが常である。

学業と部活動で元気いっぱいに登校しているように見えても、友人関係や将来のこと、家庭の悩みなど、生きている限り、苦悩は毎日押し寄せる。

かつてそんな若者を救ってくれる人々は無数にいた。近所のおばさん、八百屋の大将、本屋の店員などだ。しかし今、彼らのうつむいた表情に気付いてくれる大人は悲しいくらい少ない。忙しい毎日なのは分かるが、幼い頃顔をのぞいた近所の赤ん坊も、いつの間にか成長し、高校生になったのだ。その子に、もし毎日「おはよう」と一言だけでも声をかけていれば、いつか立ち止まって、「おじさん、聞いてほしいことがあるんだ」と、あなたを頼ることがあるかもしれない。

社会人となった多くの「あなた」に言いたい。あなたも昔そうして悩んだことがあったはずだ。忙しい毎日でも、近所の子どもたちに、ほんの一言「おはよう」と声を掛けることはできるはずだ。その行為が、あなた自身の人生を明るくし、心豊かにするのだ。

小中学生や高校生、若者たちに、いつも自分たちを見ている「温かい目」があることを、「秋」の空の下、伝えてあげようではありませんか。

視点「志高く全国から集う」（進路多様躍進校会議）（『上毛新聞』「オピニオン２１」２０１７年５月掲載）から

４年前、最後の赴任校に勤務していた私は、生徒も素直で、教職員も熱心な高等学校であることに大きな誇りを持っていた。しかし、もう一歩広い視点が学校全体で持てれば、生徒は格段に実力が伸長し、教職員の識見や指導力が向上する。生徒のために何をなすべきか。高校３年生全員を面談し、生徒たちの声を日々拾いながら、私は深く考えた。

生徒には背景に様々な家庭事情があり、多様な進路選択に対応する指導力が学校には求められている。だが教職員全員がすべてに精通しているわけではない。なぜなら年齢構成も、経験も異なる教員集団は、教員もまた学び合うことで成長していくものだからだ。生徒に正面から対峙しながら、互いに研鑽し合ってこそ、学校全体の指導力の向上につながるのだ。

幾校かのトップ進学校には、様々な進学業者からの「大学入試研究会」の案内が届くが、大学・短期大学・専門学校・公務員・民間就職といった、多様な進路希望の生徒を抱えた全国の約８６％を占める「進路多様校」と呼ばれる高等学校には、そうした案内は届かない。結局、自校や狭い範囲の地域の学校のみの研究比較に終始し、生徒が希望する全国の有力大学の入試問題の指導までは、手が届いていない高校も多いのだ。

「それならば、全国に存在する同様な高校と手を結び、互いのノウハウを出し合い、情報を交換することで、多角的かつ広い視点を得ることが有効ではないか。それが教員の資質を高め、ひいては生徒へ還元する指導力の向上にも繋がる」。そう考えた私は、全国の、自校と同様な高校に案内を送り、「進路多様躍進校会議」と命名し、自校を開放し、大学の学長らを基調講演者に招き、自主研修会を実施することとした。

思いがけず、２０１４年度の第１回は、北は青森から南は宮崎まで全国３３校１０１人が参加。１５年度第２回には、青森から鹿児島まで、全国７０校１３０人が参加。第３回は退職したこともあり、会場を高崎の短大に移して実施。全国６９校２大学２研究所など１２６人が参加し、盛況を極めた。

これほど熱のある教育研究会を、私はいまだかつて経験したことがない。互いに手を結び、未来の教育を支えようとする強い意欲に満ちていた。

何より注目すべきことは、参加校のうち、約３０校が、東大や京大に現役で合格者を出す受験校であったことだ。全国の高等学校が、未来に大きな危機感を抱いていることがうかがえる。

今年の「第4回進路多様躍進校会議」は、7月1日・2日。基調講演者に東京大学の南風原前副学長を迎えて実施する。教育改革の全貌を知る人物が、新たな大学入試改革に何を見ているのか。激論は必至であり、深く注目したい。

視点「面談力磨き子に勇気を」（教育の王道を）（『上毛新聞』「オピニオン21」　2017年10月掲載）から

様々な教育改革が進む中で、教師の世代交代も大きな課題となっている。昨年3月末に退職後、全国の7中学校、66高等学校、4中等教育学校、3大学、6教育委員会、3自治体、1企業に招聘を受け、生徒や保護者・教職員などに向き合ってきた。

私はどこにいっても、面談を希望してきた中学生や高校生、保護者らには、時間の許す限り、たとえ10分でも話を聞くことにしている。なぜなら、かつて自分自身がある教師との面談で、人生を救われた経験を持っているからだ。

講演終了後、個別面談を希望し、短時間でも語り合えた生徒の数は9月末現在1024人。たった1年半でも大切な「生徒の声」「心の声」を聞けたように思う。

勇気を奮って、控室に会いに来てくれた生徒たちの3人に1人は、初対面の私の前で泣きながら、心のうちを語ってくれた。誰にも言えなかった「自分の心」を必死に伝えてくれたのだ。ありがたいことだ。彼らの悩みで最も多かったのは、「自分に自信がなく、不安でたまらない」「親に確かな気持ちを伝えられない」「忙しい先生に時間を作ってほしいと言えない」といった、素朴な内容だった。

私なら「自信など誰も最初から持ってはいないよ。自信はつけるものなのだからね」と優しく応える。

本来、最も近くにいる保護者、教師、地域の人々が、生徒たちの困惑した表情に、日々気づいていれば、初対面の白髪の私などに語る必要のない相談ばかりだ。

どんな些細なことに対しても、決して目をそらさず、大人として「どうしたんだい。話してごらん」とささやくだけで、どれほど多くの生徒たちが救われることか。

最近は採用試験でも、推薦入試でも、「コミュニケーション能力」が重要なポイントとして要求される。しかし、本当にその能力が必要なのは、実は社会人である大人たちなのではないか。教育改革と声高に叫ばれているが、原点を忘れ、子供たちに真摯に向き合う姿勢のない社会に、真の改革はできない。

最近、形だけの面談に終始し、社会の様々な場面、子供たちを育む、学校や家庭での大切な局面で、真の「面談力」が極めて落ちているように思う。

私の主催する教育研究会「日本進路指導推進協議会」は、様々な校種の学校の教師のために、「進路多様躍進校会議」を過去４年間、開催してきたが、並行して教師の「面談力」に焦点を当て、全国の教師たちのために、「研究大会」を昨年から実施している。今年も１２月１６日、新潟県立国際情報高校を会場に、「東日本研究大会」を企画。テーマは「面談力」。都道府県の枠を超えて、生徒たちに向き合うために、力をあわせて、未来の教育に提言していくつもりだ。


以上、地方新聞『上毛新聞』、「オピニオン２１」欄に掲載された、私の「面談」に関わる思いを、読者の皆様にも共有いただければ、幸いです。

最終章　未来への視点を共有するために

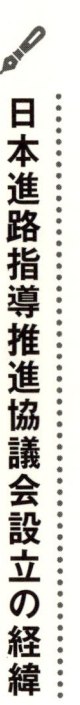

日本進路指導推進協議会設立の経緯

自序にも記しましたが、私は平成27年3月末まで、北関東の公立高等学校に勤務しておりました。無事に勤めを終え、退職後は、自由に書を読み、気ままに全国を行脚し、風流無我の境地に遊び、個人的にこれまでできなかった詩作や諸評論をまとめようと考えていました。しかし、全国の高校生や保護者、教職員から1000通を越える手紙やメールをいただき、「どうか自分を助けてほしい」「学校を支援してほしい」「教師を辞めないでほしい」との要望を多々いただきました。その内容を見ると、様々な全国の中学校・高等学校・中等教育学校等の厳しい状況があり、看過することは到底できない現実の呻吟が書かれていました。そのために何が自分にできるのか。深く考えさせられました。

大変個人的なことですが、私は高校2年生まで、幼少時のあることがきっかけで全く人に心を開かない、苦しい時代を長く過ごしました。しかし、そんな私を救ってくれたのは、日本で初めてノーベル物理学賞を受賞した、湯川秀樹先生でした。彼もまた、自らを劣等生と見なしていた苦しい時代を持っていたことを、教科書に掲載されていた彼の文章から私は偶然に知ったのです。何の勇気もなく自らの沈黙の中に閉じこもっていた私は、このままでは何も変わらないと感じ、高校の図書館に行き、湯川先生の著作集の存在を知り、湯川先生の勤務先が、京都大学であると突き止めたのです。そして小さな勇気を奮って、「京都大学　湯川秀樹様」と、たぶん届かないであろう手紙を書いたのです。おそらく返事が来ることなど全く期待しないで、自分の心と向き合うために書いた手紙でした。

ところが、何と思いがけず、「君は間違っていない。私に会いにきなさい」と湯川先生ご自身から御返事をいただき、高校2年生の夏休みの最初の日、私はたった1人で藁をも掴むような気持ちで山形の小さな駅をあとにし、彼に会いに行きました。そして湯川研究室でのたった数時間の「面談」で、私の心は解き放たれ、沈黙の世界から抜け出ることができたのです。奇蹟のような体験です。今、ここでその話を書いたら、それだけで1冊の書が終わってしまいますので、別の機会に譲ろうと思いますが、この体験が後に私を高校教師にし、「面談」の力を信じる契機となったことは確かです。

「人はひとによってしか変われない」、私がいつも高校生対象の進路講演会で、聴衆に訴える大切な言葉です。湯川先生に貴重な時間をいただき、正面から面談していただいたあの時間は、私の人生を大きく変えるものとなったのです。

青年期のこの体験も深く心に刻まれており、いただいた数多くの手紙やメールを振り返ると、退官後も、何とか苦しんでいる、生徒、保護者、教師を助けてやれないだろうかと日々思うようになったのです。

そこで私は、全国の様々な場所で、生徒のために奔走し、孤独の中で精一杯闘っている現場の教師たちの手を繋ぎ、共に生徒達のために技量を高める教育研究会を、「微力ながら全国の高校生や教職員の皆様のために、まだ己れの経験がお役に立つのならば」と考え、退官後、直ちに興すことを決意し、教育研究会「日本進路指導推進協議会」を立ち上げたのです。

もちろん現在も、全国の高等学校の進路指導の中心組織は「全国高等学校進路指導協議会」です。退官した今も、私は関係の筋からお招きをいただき、折を見つけて、参加するようにしてはいますが、全国をブロックごとに輪番で回るようになり、かつては多くの全国の先生方が駆けつけたものですが、懇親会をみましても、全国の若手中堅の教師が参加し、技量を磨く機会とはほど遠い状況となっていることを残念に思います。ブロック大会だと、その地区の進路指導主事に動員がかかりますが、担当年度のみの参加がほとんどです。継続して全国の高等学校と情報交換ができないのでは、単なる一過性の刺激を得るのみで、自校の改革に活かすことができないのは必定です。かつて、この国には北海道から沖縄まで、極めて熱心な先生方が大勢おられ、「全国高等学校進路指導協議会」に何とか参加し、全国の情報を得て、自校をよりよく改革しようとしていたものです。しかし、今日各校の予算の関係や、インターネット等、複数の情報網の発達で、大会に参加しなくとも情報は得られるようになり、最も大切な「生徒とどう向き合い、どのように指導したらよいか」という命題を、肉声で相手の目を見て、話合う機会を遠ざけてしまったのです。「面談力」を最も磨くべき、進路指導主事や学年主任クラスの教師たちが、率先して「全国高等学校進路指導協議会」の研究大会で意見を交換することは、大切な自校の進路指導の発展のためにも重要なことのはずです。こうした全国組織の動向にも絶えず目を配り、現場の生徒の問題を把握しない限りは、現実問題を突破する上で、何の手も打てないことは皆様もご承知の通りです。

　私は、平成２８年度岡山大会、平成２９年度富山大会にもお邪魔し、大会事務局の先生方に、私も協力させていただく旨は、お伝えしたところです。今年、平成３０年度の香川大会でも、日本進路指導推進協議会の会員が研究発表をさせていただきました。

　さて、「全国高等学校進路指導協議会」が、なかなか一般の教員が参加できない状況にある今、身の丈にあった現実の進路指導に関わる議論を、初任の教員から校長職にある者まで、席を同じくして学び会い、情報交換する場を作ることが急務であると考えるに至りました。私は、現職の折に立ち上げた「進路多様躍進校会議」の継続運営も含めて、以下のような主旨をもとに、教育研究会「日本進路指導推進協議会」を設立することにしたのです。

以下は、平成30年度に要請のあった全国の高等学校・中等教育学校・特別支援学校等の校長宛、8月に送付した、挨拶文の一節です。多少なりとも私の思いの一端が分かっていただければと思います。ご参照ください。(但し、便宜上、宛名、日付け、送付者、連絡先等は省略させていただきます)

「日本進路指導推進協議会」へのご参加ついて(ご案内)

盛夏の候、貴職におかれましては益々ご清祥のことと拝察いたします。また、貴校におかれましては、益々ご発展のこととお慶び申し上げます。

さて、昨今の少子化や大学入試改革の変遷による教育環境の激変にともない、地方の高等学校・中等教育学校等の置かれている現実は日に日に難しい状況となっております。特に、国公立大学・私立大学・短期大学・専門学校・公務員・民間

企業への就職と多様な進路希望を有する生徒を抱えている学校にとりましては、複雑な指導対応を行わざるを得ず、更なる飛躍のためには具体的な研究、研修が欠かせぬものと認識しております。残念ながら、こうした現実に直面している学校相互の研究の場は、現在の日本にはどこにもございません。

よって全国の真摯に問題と向き合っている教職員の声に支えられ、標記のような協議会を一昨年4月、設立いたしました。他都道府県の各高等学校・中等教育学校・特別支援学校等と手を結び、互いのノウハウを出し合い、研修する中で、広角な視野での進路指導スキルの向上を図ることを目指せればと存じます。趣旨をご理解の上、貴校教職員にご紹介いただき、「日本進路指導推進協議会」に参加を希望する方がおりましたら、別紙「参加申込書」をご記入の上、ＦＡＸかメール添付にてご返送いただきますようご案内いただければ幸いです。どうぞよろしくお願い申し上げます。（なお、参加にあたっては、高等学校・中等教育学校等の進路指導関係職員には限定いたしません。中学校・特別支援学校・大学・大学院・研究所・民間教育関係企業等も含めて、広く教育を論じ、日本の教育に提言して行こうとする意志がおありの方がいらっしゃるのなら、心から歓迎いたします）

記

一　趣　旨：日本の中等教育・高等教育における教育環境の大きな変革期にあたり、各都道府県の枠を越え、現実の問題を共有し、指導スキルの向上を目指すと共に、未来の教育スタイルの確立に向けて、相互に研鑽することを本協議会の設立趣旨とする。

二　活　動：（1）年1回「進路多様躍進校会議」を開催し、相互の情報交換、指導スキルの向上を図る。（6月下旬か7月初旬実施）

（2）年1回東日本と西日本で隔年交互に「研究会」を開催し、高大接続等を踏まえた実践報告会・教育研究会を実施する。（12月に実施予定）

（3）進路指導に関わる情報を、通年適宜交換し、教育実践に活用する。

（4）政府関係教育機関等に対する協議会としての意見や提言の提出等。

三　参加資格：本協議会の趣旨に賛同し、真摯に教育を考えようとする者。主として高等学校・中等教育学校・大学等の教職員、民間教育企業及び教育関係者。

四　その他　：別紙「参加申込書」送信票（返信用）に参加を希望する方は、氏名等をご記入の上、メールまたはＦＡＸで、別記アドレスまでご返送ください。

【連絡先】上記　日本進路指導推進協議会　会長　山口和士　宛

「日本進路指導推進協議会」は、入会、退会も任意です。年会費もいただいてはおりません。ただ「児童・生徒・学生のために、熱意を持って学校現場等で真摯に諸問題や指導に当たろうとする確固たる思いのある者」を、唯一の「参加資格」とさせていただいております。また、教職員のみならず、教育に関わる関係企業や教育関係者にも広く門戸を開いております。

すでに過去５回を数える本大会「進路多様躍進校会議」、２回を数える「研究大会」を実施する場合のみ、「参加費」として、必要最低限の運営費、連絡費、資料代等１０００円程度を、適宜分担いただいております。昨年１２月に実施した「第２回東日本研究大会

（新潟大会）」は、新潟県教育委員会の許可をいただき、新潟県立国際情報高等学校を会場に実施させていただきましたので、「資料代」ということで統一して「参加費」等と表現させていただいております。

現在は、北は岩手県から南は鹿児島県まで、20代前半の若い教師から、30代、40代の中堅、50代の主幹教諭、教頭、副校長、校長等、及び複数の県の教育委員会指導主事まで、約130余名の正会員、約250余名の支援者がおり、それぞれが県境を越えて交流し、都道府県や公立私立の枠を超えて情報を交換し、自校の改革に活かしております。

現在の私の「日本進路指導推進協議会」会長としての活動の中心は、以下の6項目です。

①全国から寄せられる「中学生」「高校生」「大学生」「保護者」等の進路に関わる質問に真摯に応えること。

②全国の中学校・高等学校・中等教育学校・特別支援学校・大学・教育委員会等の要請にしたがって「進路講演会」を行い、生徒・学生・保護者・教職員・地方自治体等の啓発活動を推進し、各学校の改革に資すること。

③「進路多様躍進校会議」（6月下旬から7月上旬実施）（過去5年にわたって5回実施済）を主催し、全国の高等学校の86％に及ぶ「進路多様校（生徒の進路が国公立大学・私立

大学・短期大学・専門学校・公務員・民間就職等多岐にわたる学校）」に情報交換の場を提供し、現実の教育の諸問題を共有し、議論する中で、未来への日本の教育のあるべき指針を示すこと。、

※今年（平成30年）7月中旬に2日にわたって高崎を会場に実施した「第5回進路多様躍進校会議」は、全国92高校2教育委員会1研究所1大学4業者計177名の参加を得、基調講演に独立行政法人大学入試センター試験・研究副統括官　山地弘起先生をお迎えし、「大学入学共通テスト」等についての作問の現状と、問題点等について学び、情報を共有いたしました。

④1年ごとに、12月中旬から下旬にかけて、「西日本研究大会」及び「東日本研究大会」を開催し、会員の実践的指導力の向上と、日本の未来の教育のための議論と提言を行うこと。

※一昨年は12月に「西日本研究大会（岡山大会）」を74名の参加者を得て、実施。昨年も12月に「東日本研究大会（新潟大会）」を、111名の参加者を得て、実施。テーマは『「面談力」について考える』。

⑤新たな教育改革の中で、高校現場の声が置き去りにされている「大学入学共通テスト」等の作問試案を、高校現場の側から作成し、高等学校の教科書レベルから逸脱し、多くの高校生が受験できない状況にならぬよう、文部科学省「改革推進本部・高大接続改革チー

ム」や関係機関に進言していくこと。
⑥全国の都道府県の高等学校の教員採用が、様々な諸事情から円滑に実施されず、世代間の引継ぎが適切になされぬままベテランの大量退職期を迎えるこの10年間、経験不足の教職員が増加する日本の危機的状況に対応するため、全国の都道府県の枠を超えて、同世代の横の繋がりや世代間を超えた研修の機会を積極的に創出し、提供すること。
以上6つの項目に関して、具体的に様々な都道府県からの要望、ないしは学校現場からの要請に従って、今後も活動して参ります。会員、ならびに参加を希望する皆様におかれましては、趣旨ご賢察の上、ご支援ご協力を賜りたいと存じます。どうぞよろしくお願い申し上げます。

この組織、教育研究会「日本進路指導推進協議会」を立ち上げて3年、それ以前も含めれば、過去7回に及ぶ大会の中で、全国の教職員から最も実践研究への要望の声が高かったのが、『面談力』と『添削力』の2つでありました。

「面談力」テーマ設定の理由

そういう推移を経て、「日本進路指導推進協議会」の主要役員、各大会実行委員と図って、平成28年の「西日本研究大会（岡山大会）」で生徒指導、進路指導を行う上で、教師として最も大切な力、「面談力」に焦点を当て、役員と図って主テーマを「『面談力』について考える」としたことを受け、翌平成29年も「東日本研究大会（新潟大会）」で継続して協議することにいたしました。

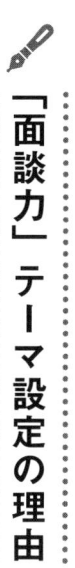

このテーマは、今日最も現場の教師にとって必要かつ身近な能力でありながら、誰もその力をきちんと捉えて研究対象としたことも、学校の基本体制の1つとして、系統的に統一して研究されたこともありません。なぜなら、「面談力」は教師個々が持つ「個性」と「力量」にずっと委ねられてきたからに他なりません。

私は公立高等学校の教師であった37年間で、延べ3万8840回の生徒との個別面談を行い、実践を重ねてきました。生徒対象の面談は3万8840回ですが、私はいつも担任したクラスの3分の1にあたる、成績に不安を抱える生徒や問題を抱えた生徒については、4月のうちに家庭訪問をし、保護者との面談も通常の「三者面談」以外に実施し、家庭の啓発に努めてきました。ですから、保護者との面談の記録も2646回分残してあるのです。したがって、現役の高校教師時代の生徒や保護者との面談は、総計で4万1486回に及ぶことになります。

私の担任してきた生徒は、1年次の均等に配分されたクラス以外は、ほとんどが勤務校の教員が「この子供は能力などない」「生徒指導の大変な生徒だ」、「絶対にあのクラスは持ちたくない」と酷評した、誰も持ち手がいないクラスの生徒たちばかりです。模擬試験ではD・E判定ばかりで、厳しい目で教師を睨むばかりで、ほとんど学習意欲を持たない生徒たちでした。しかし、その彼らが、後に胸襟を開き、私に語ってくれた結果から言えば、彼らの過去に経験した「個別面談」が、すべて「生徒の現実に寄り添っていない面談」「血の通わない冷たいデータのみを提示するだけの形式的な面談」であったのだと残念に思っています。

彼らは決して愚かでも、意欲がないわけでもなく、どういうふうに勉学と向き合ってよいか分からない生徒たちばかりだったのです。ある者は「部活動推薦」で入学したために、怪我をした自分をどう学校で位置づけてよいか分からず、苦しんでいたのです。また、ある者は、どんなに家庭で勉強しようとしても、疲れて帰ってきた保護者が、好きなテレビを大きな音で視聴している状況を非難できず、結局自宅での学習を諦めていました。また、ある者は遠方から電車と自転車で通っていたため、肉体的な疲労と精神的なストレスの狭間で苦しんでいましたが、自分ではそんなはずはないと自己否定し続けていました。また、ある者は、母子家庭で沢山の兄弟姉妹がいたため、病弱な母親のために、早朝から家事に忙殺され、15歳ながら、将来を考えることを諦めていたのです。

表面的には、普通の高校生に見えるそれぞれの生徒達も、100人いれば100通りの、1000人いれば1000通りの背景があるのです。その背景を掴み、彼らを「前に向かせること」が、我々教師の一番の務めなのです。そのためには個々の生徒達に信頼されることが最も必要とされる条件です。その糸口を作るのは、毎日の「挨拶」、学校での「声かけ」です。

この3年余、日本進路指導推進協議会の会長として、また、横浜にある「関東学院大学」の特任教授として、全国の中学校、高等学校、中等教育学校、大学等を150校あまり回りましたが、廊下ですれ違った折、「こんにちは」と、声に出して挨拶している先生は3

人に1人でした。また、「こんにちは、○○さん」と、名前を付け加える教師は、10人に1人いるかどうかでした。皆、黙礼するか、うなずくだけです。中には生徒の目も見ず、何の返礼もしない先生方もおられました。折角、挨拶してくれたのなら、大きな声で、生徒の目を見て声を返してほしいものです。なぜなら、そんなところから「面談」の入口が開けるものだからです。

私は教員生活の中で、昼夜間二部制の定時制、夜間定時制、総合学科、中間校、地方拠点校、トップ進学校等、色々な場所に身を置きました。年齢と共に立場は変わりましたが、いつも「一教師」としてのスタンスを忘れたことはありません。可能な限り、生徒との心の距離を詰めるため、早朝や夕刻に校門に立ちました。「おはよう、いい青空だねえ」「さようなら、気を付けてお帰り」、たった一言の挨拶の中にも、愛情は込められます。どんな校種の学校にいようと、毎日の積み重ねが、どんな頑なな生徒の心も、いつかは開く契機となるのです。

「おはよう。今日は厳しい顔をしているなあ、何かあったのかい。良かったら後で先生のところにきてみないか。そうか、学校では話せないのなら、君の部活の終わった後、

２１時頃なら先生は君の家の門の前で待っていてあげれるからね」毎日生徒の顔を見て声を掛けると、その日の生徒の体調や感情の動き、その子がずっと黙って引きずっている何かの存在が、ふっと感じられることがあるのです。

彼らを担任して、じっくり「面談」してみると、長年にわたって教師や学校に不信感を持ってきたことが分かるのです。一人ひとりの人間性や性格、家庭環境の背景、生活パターン等を把握していなければ、「個別面談」は意味をなしません。まずはその点を、読者の皆様方にはお尋ねしなければなりません。社会人である貴方、保護者である貴方、そして教師である貴方は、その基本をしっかり把握しておられましたか。

教師の武器は、若ければ若いなりの「情熱」と、生徒に年齢の近いなりの直近の「時代感覚」、ベテランならベテランなりの「指導経験」と「説得力」を携えて、いずれも真摯に生徒に向かってきたはずです。指導経験の多い少ないは、高校生にとって大きな問題ではないのです。いつでも自分を「ひとりの人格ある人間」として教師が認めてくれているという安心感があれば、必ず正直に向き合ってくれます。保護者である貴方も、社会人である貴方も、教師と同様に、いつも生徒たちに向き合ってくれていれば、必ず彼らは心を開いてくれるはずです。それが「面談力」の土台であったはずです。

しかるに、最も大切な教師の「面談力」、社会人の「面談力」が、今日危機に瀕しているのです。最近は全国の高等学校・中等教育学校・教育委員会からの要請で、「どのように生徒と面談をすればいいのかを教えてほしい」と、「教職員対象研修会」での重要なテーマとして、依頼を受けることが多くなりました。恐らく、これまでは当たり前のように、先輩教師の面談の様子を垣間見、「自分ならこういう面談をしよう」と考えて、実践を積んできた中堅・若手教師が、急速に減っているからに他なりません。「面談」に、マニュアルなどはないのです。教師なら皆、自らのスタイルを、実践の中に築き上げてきたからです。

しかし、全国の都道府県の教育委員会からの依頼も増えてきている現状から考えれば、初めて教師となる若き先生方のためにも、長年「面談」を重ねてきた一教師として、少なくとも基本だけは伝えておかなければならないと、強く思うのです。本書の発刊の目的は、「面談力」の要を考えることで、「教師の基本」を改めて再考していただくこと。ベテランと自負する先生方にも、もう一度教師の原点に立ち返って、今まで実施してきた「面談」が、本当に「生徒を活かす面談」であったかどうかを、振り返っていただければと思います。

残念ながら、各高等学校・中等教育学校等に「面談週間」は用意されていても、その指針を具体的に示した詳細な「面談計画」は策定されていないのではないでしょうか。

高等学校3年間で、どの時期にどのような点に留意して面談すればよいのか、学年共通の資料はあるのか、どのように生徒に切り出すべきか等、皆それぞれの高等学校で個人の力量に委ねられてきたからこそ、何1つ「面談」の核心が見えないまま、今日まで来てしまったことを、我々は教育に携わってきた者として深く反省せねばなりません。

本書は、恐らく初めて「面談」の本質に切り込む書物となりましょう。20代の若手から50代の校長先生まで、多くの年代の先生方が、「自分なりの『面談』」と呼んできたその曖昧さを正し、少なくとも生徒が前向きに変化してきた事例から導き出してきた、山口の40年にわたる4万1000回を越える「面談」のポイントから、読者の皆様にそれぞれ「面談」の価値を、深く考えてほしいと願うものです。

例えば、「面談資料」は教師が必ず自ら作成するもの。何を伝えるべきかは、所属する学校、学年、クラスの問題点によって、成長する段階や時期によって、違うはずです。まさか、「業者模試の結果」のシートのみで面談しているわけではありませんよね。本書ではそのあたりを、改めて深く考えてほしいと思っております。

資料 全国の学校現場における面談の実態と課題

日本進路指導推進協議会「第1回・第2回研究大会」の研究討議から

これまでは、私の「面談」に関する考えを述べてきましたが、全国の現場の教師たちが実際に「面談」をどう捉えているのか、「面談力」の価値をどう考えているのかを、日本進路指導推進協議会主催の過去2回の研究大会のグループ討議の内容を掲載することで検証していきたいと思います。

教育研究会「日本進路指導推進協議会」は、過去5回にわたって6月下旬から7月上旬にかけて、北関東の高崎にて、「進路多様躍進校会議」本大会を2日間にわたって企画し、会員や全国の教育関係者の資質向上と都道府県を越えた情報の共有を図って参りました。主に大学関係者や大学入試センター等から著名な外部講師を招き、基調講演を行っていただきました。学校改革を高い視点から現場で考えてもらうことを意図したのが第1の目的。次いで、参加してくださった全国の進学トップ校、中間校、多様校と様々な校種の教員達を3つの大きな分科会に希望で分け、小グループで徹底して2日間、単なる情報交換にとどまらず、「教育の原点」を考えていただき、勇気を持って現場で実践する「自分」を恢復《かいふく》し、これだけの仲間が、共に生徒と苦しみ、生徒のために力を伸ばそうとしている事実を「力」として、現場で再び実践に向かってもらおうとすることが第２の目的でありました。その目的は、今日十分全国に周知されるまでになったと考えております。

次いで、平成２８年からは、西日本と東日本で交互に「研究大会」を開催し、会員達の要請を受け、教員としての具体的な資質、指導スタンス、技術を共有し向上を図るため、テーマを決めて、不肖山口が基調講演をさせていただき、その後は、分科会でグループ討議を行い、全体会で共有する研修を行って参りました。

ここでは、「面談力について考える」をメインテーマとし、「生徒を育む面談の仕掛けと勇気を与える面談力」をサブテーマに、平成２８年１２月１７日（土）に開催された、「第１回研究大会（西日本研究大会）」と平成２９年１２月１６日（土）に開催された「第２回研究大会（東日本研究大会）」の各分科会討議記録から、「面談」の現状を検証させていただきます。

日本進路指導推進協議会主催「第1回　西日本研究大会（岡山大会）」の記録より

※基調講演「「面談力」について考える」を受けてのグループ討議から

グループA

○各学校の面談の状況

・年2回、4月と10月。担任任せ。特に10月の目的が不明瞭で共有できていない。

・定期考査ごと。偏差値・データに頼りすぎ。SSHや部活の活躍を進路に活かせていない。研究できていない。

・3年間の指導計画（サクセスストーリー）あり。面談で聞くことは学年会で共有しているが、教員がしゃべり過ぎ。スタサポ→教科面談、部の顧問から返却。温度差をどう縮めるか。

・学校全体、学年全体での目標設定が難しい。教員の情報不足で考える習慣がない。生徒の希望を待っている。

・1年で3回。2・3年での履修計画チェックの面談。進路希望に対して適切か。2回は成績返却の面談。個人の力に頼った教科面談。気持ちが続くような定期的面談あり。学年の意思統一はしていない。2人担任だが、共有できたりできなかったり。

・学習の記録などを書く手帳の使用は学年単位で増えている。

○テーマ設定：学年全体で面談の内容を事前に考えて共有し、有効な面談にするには？

・進路課から教科へ模試の振り返りを書くよう依頼。
・2月にいつ何をすべきか考え、次年度の計画を立てる。（主幹、学年主任3人、進路課長、総学係）
・面談週間を作る。（教員も生徒も意識するし、会議より優先される。）
・教員研修を兼ねた検討会を行った。1年10月に文理選択の検討会。2年5月に難関大検討会。3年2回難関大検討会。
・先輩の実績などデータは必要だが、そのまま降ろすのではなく、励ますために使う。1・2年での意識づけが大事。
・ベネッセのデジタルサービス利用。紙に志望校を書かせてから、面談して修正して入力させる。「とりあえず書け」と言って難関大を書かせる。
・成績が一覧になった個人シートを作り保護者面談のとき渡す。
・学年主任が1年生全員（360人）と面談。校長面談も一部あり。
・成績が届いていない生徒にどう声掛けするか。少しでもよいときに「やるなー。」「すごいなー。」「えー。」「そうなんじゃー。」と反応するだけであまりこちらから言わない。

○まとめ：以上の話を総合して出てきたキーワードは『縦と横でサクセスストーリー』

・縦の糸を紡ぐ：いつ何をすべきかを明確にした3年間の指導計画を作る。毎年見直し、少しずつ改良していく。検討会などを全員研修とし、情報や有意義な取組を次の学年団に伝え、繋げる。

・横の糸を紡ぐ：その時期に必要な面談の目的と話すべき内容を学年団で共有する。また面談で出てきた生徒の志望や問題を学年団で共有する。
・縦と横の糸で紡ぐサクセスストーリー：それぞれの生徒が自分の目標を持ち、その目標に向かって3年間頑張れるよう、すなわち自分のサクセスストーリーを思い描けるようにはたらき掛け、努力させ、自信を持たせる。

グループB

○3年間の面談計画

・1年では文理選択、2年ではコース科目選択が話題の中心になる。
・進学校では、1年次の指導で高校側の方向性（例えばワンランク上の進学を目標にするなど）が保護者に伝えきれていない部分がつねに反省点としてあがる。「この学校で頑張れる」というソフトランディングをする面談が1年次には必要ではないか。
・基本的な面談の方向性として…高校1年夏と冬に職業観や文理選択（目標の学部など）、高2夏に学部学科研究を明確にしてオープンキャンパスへの参加の推進、高2冬でコース選択、高3夏志望校群を考えさせるなどの内容で行う。
・2者面談では、クラス担任に任す部分が多くあるため学年や学校の方向性にあっているか心配である。共通認識を持つ機会（学年会など）が必要である。
・高校生活にとって最も重要なのが1年次であるので、この時の面談の内容をしっかりと学年団などで話し合う。

○1年次の面談の重要性

・進路の方向についての話も大切であるが、入学した高校にソフトランディングすることが重要である。覚悟が決まらないままに学年が進行しているようだ。学習する意味が理解できてない生徒も多い。充実したモチベーションの維持も大切。このためには卒業生の講演会や企業人のガイダンス、座談会などが効果的である。

・入学後すぐの面談で〝将来の夢を語らせる〟ことは今後の指導に有効。↓やる気をもたせる、夢を持つ。

○やる気を出させる面接とは

・受験に失敗をして入学してきた生徒に対して…夢をもたせる。身近なものでも将来であっても自分の可能性を考えさせる。

・今の生徒は世の中に興味がない、職業さえも知らない者も多い。まずは世の中を知ることから指導する。身近なことや些細なことから世の中に興味を持たせていく。

・居場所のある生徒は将来のことも考えているが、居場所のない生徒は指導が厳しい。部活の顧問や教科担当などいろいろな教員からの声掛けで生徒は変わっていく。

○進路からの取組

・長期休暇のあとは必ず担任との二者面談（5分～10分で十分）を実施することは効果的。

・就寝時間やスマホを使う時間、中学校での振り返りの点数が低い理由など基本的な生活習慣について話をすることは大切。生活のリズムを整える。

・教員の中には大学や学部学科についての知識が少ないケースもある。積極的にオープンキャンパスに参加したり、個別ガイダンスに参加したりすることを学校として取り組むべきである。↓教員としての進路指導の知識の充実。

○教員としての信頼関係の築き方

・授業での声掛けが大切である。

・部活の顧問でなくても生徒のクラブ活動での情報なども握ること。学年会や生徒情報交換会を実施する。

・常に声をかけていくことの積み重ねが信頼関係を築いていく。

◎まとめ

面談でのノウハウは必要であるが、日常生活での声掛けからの信頼関係が最も大切である。進級してクラス担任が変わっても生徒を理解把握するために情報交換会を定期的に行う。生徒の個人情報などもあらかじめ把握しておくことが進路指導にも役立つ。↓いろいろな場面で声をかけていく。

グループC

○各学校での面談の工夫・取組

・学年主任面談、進路部長面談、教科面談など細かく面談を実施している。面談をする人や、視点を変えて面談をしているので、非常に効果が出ている。

・1年生の面談が大事。学年団で団結し、学習習慣を確立させることが重要。

・面談はいつでもどこでもできる。常に生徒の様子をみて、声掛けが大事である。

○生徒を最後まで頑張らせる工夫

・高2の秋の模試は中だるみで下がり、高1の秋の模試は中学内容の蓄えがなくなって下がるので、進路講演、進路説明会などの時期を秋の模試に合わせるのはどうか。

・高2の秋の模試で志望校を下げるとうまくいかない客観的なデータを示し、やる気を出させる。

・生徒への声掛けを頻繁に行い、教員、学校が常に支えているので、いっしょに頑張ろうと伝える。

・基礎力のない生徒には推薦を制限することがあり、しっかり学習させるようにしている。

・じっくり面談を繰り返し、最後まで頑張らせる。

○地元志向が強く県内の大学のみしか考えない　県外の上位大学を目指させたい

・安全志向、地元志向、自信のない生徒が多いので、岡山県では7割が県外で就職しているなどの客観的データを示し、大学から県外に出て、勉強するのもよいのではないかと伝えている。

・国公立大だと県外に出ても、県内の私立大学に行っても金銭面は変わらないことを伝えて頑張らせる。
・県内の岡山大学でも学部によっては就職が苦労している学生もいる。都会に出て、頑張らせるようにしている。
・保護者も安全、県内志向が強いので、生徒の頑張りを保護者に伝えて、保護者の考えを変えさせる。
・子離れができていない親が多いので、親に対してじっくりと話をし、子離れを指導していかないといけない。
・生徒の方から親に志望校宣言をし、子供の自立を促す。
・卒業生の進路の追跡データなどを利用し、頑張って成功している卒業生などの話をして意識を高めていく。

○やる気のない生徒への指導

・小学生用の「学問のすすめ」、小学生用の「なぜ勉強するのか」の読み聞かせが、効果があった。
・岡山県は天候にも恵まれ、のどかな環境のため、がむしゃらに頑張って、もっとよい環境での生活をしたいという気持ちが弱い。教員自身の体験を話すのはどうか。

○私大専願の生徒への対応

・私大専願クラスがあるが、高2の冬の面談では本当に私大でよいかを確認する。
・基本、生徒全員に最後まで国公立大を狙わせている。どうしてもと言う生徒のみ個別に対応している。

○三者懇談のお互いの距離感は

・母親に依存している生徒が最近多く、母親に褒められたいという生徒が多いので、親からの自立を促すような指導が必要である。

・二者面談より三者面談の方が、親子いっしょに確認ができてよい。

◎まとめ

グループCでは、「どのように生徒に自信を持たせ、自立させていくか」が共通した内容だった。今回は、面談がテーマであったが、学年、教科、進路が協力しあい、目標に向かって生徒を指導していくことが重要であることを確認できた。

グループD

○面接週間を設定しているか

参加6校のうち2校では、面接週間の設定がない。担任の裁量に任されており、実施のありなしやその頻度もばらばらである。設定がある学校では、年度初め、保護者会の直前などの時期に年3～5回実施している。

・面接週間を設定すれば、会議等が入らないので担任が放課後に時間を確保しやすく、じっくり生徒と向き合える。また、生徒も部活動を抜けやすくなる。

・面接週間を設定していても、会議が入ることも良くある。始業前・昼休憩・放課後と実施せざるを得ず、

1人15分程度になってしまい時間が十分とは言えない。
・同じ資料を使用し、事前に担任団で共通理解する。若手の担任など情報が不足している際には学年主任や各教科担当に依頼し、生徒が追加の面接を受ける仕組みになっている。
・面接週間や定期的な面接はないが、希望調査で進路希望を把握している。面接は担任に任せられているので、申し出をすれば受け付けている。
・教師に気軽に声をかけることのできない生徒のフォローが必要ではないか。保護者の反応も気になる。

○理想の面接とは

面接週間

・面接週間を設定し、機会と一定の時間を保障することが大事ではないか。そうすれば、会議や部活動等、学校全体の協力を得やすくなるはずだ。
・時間にゆとりがなければ、生徒の本当の気持ちを引き出すことが困難になりはしないか。そのためにもゆとりを持った計画が望ましい。

面接計画・研修

・過去の学年を見ていると生徒に対してサポート的ではない。また、経験のみに依存している傾向があるように思う。
・本校の場合は、3年間を見通した指導計画を作成し、これをもとにして各時期の面接内容のひな形ができつつある。担任による力量差を埋めるのも目的である。

・実業校から転勤してくる教員が多く、面接のノウハウ等が伝わっていかない悩みがある。面接内容のひな形を作成し、事前の目線合わせをしておくのは良さそうだ。
・若手教員をターゲットとして研修会を開きベテランからコツを伝授するというやり方もあろう。が、たびたび機会を設定することも困難であり、一般的な内容にとどまってしまうことも多い。学年団の担任が事前に面接の目的を話しあい、事後の振り返りや生徒の情報を共有することが大事なのではないか。担任には心を開かない生徒も、他の教員とは話ができる関係になっていることもある。

面接記録

・サーバー内に状況シート（Ｅｘｃｅｌシート）を保存し、面接終了後担任が入力する。教員なら誰でも閲覧できるので、他のクラスの生徒の状況も把握でき、進級時のクラス替えにも対応しやすい。
・生徒分のクリアフォルダを用意し、1年次からの面接記録と校外模試等の担任用個票を保存している。進級時に組み替えれば、入学時からの生活状況、教科成績推移、進路希望の変化など容易に把握できる。単純な仕組みだが役に立っている。ただ、山口先生の講演にあったように、面接後に記入する配慮ができていないので、今後改善したいと思った。

教科面接

・ベネッセの研修会等で教科面接を実践している高校があると知った。面接で学習への取組を促すだけでは限界がある。不得意教科の改善に、何を、どのように取り組むか具体的なアドバイスをすることができれば、と感じることが良くある。教科担当に相談をするように指示しても、実際に相談できている生徒は少ない。

・センター試験後、個別試験の対策のために教科面接をお願いしている。
・教科面接の効果は想像できるが、学年全体で実施するには課題も多そうだ。
・希望者が、希望する教科のみ、予約制で実施するなど工夫が必要。生徒の意欲・学力の向上には繋がるに違いない。

○いかにして心を解放するか、希望を持たせるか

・成績の話から入らない、1つでも良いことがあればしっかり褒めてから始めるよう心掛けている。
・学習面でも不得意教科に取り組むよう勧めるにとどめず、なるべく具体的にどの分野が苦手なのか、何をどうすれば改善できそうか、一緒に考える姿勢を大切にしながら面接している。
・15~20分の面接1回だけで終わりにしない。志望校や志望分野、大学の研究内容を調べることや、教科の努力目標設定など面接時に課題として与え、2回目の面接を実施したり、時間がとれなかったら職員室や廊下で少しの時間でも設けて話を聞くようにしたりしている。この積み重ねが生徒にとって意味のある面接に繋がると考えている。
・部活動の顧問が学習についての面接もしてくれる。担任より話しやすいようで、効果も高い。

◎まとめ

最初にシステム論から入ってしまい、とりとめのない内容になってしまったが、参加者全員が面接の重要性を認識し、効果的な面接を各校の進路指導の核に位置づけたいとの思いは同じであった。また、教員の〝面接力〟は、教員個々人の経験や知識に裏付けされた〝力量〟に依存する部分が大きく、それを共有・伝承し学校の指導力に繋げることは簡単ではない。しかし、共有や伝承に必要とされるのは、教員の意欲と相互のコミュニケーションという最も根源的な要素であるとも気づいた。本質的な部分の議論を深めるには時間が足りなかったが、このグループ討議の内容を各校での実践に活かし、その成果を2年後にまた共有できればと思う。

グループE

○「目標がなく、目の前のことにも頑張れない」という生徒に対して、どうすればよいか？

・三者面談の時期の前に、生徒と事前面談を行い、直近の定期考査でうまくいったことやいかなかったこと、これからいつまでに何をどうするか、などといったことについて自分で考えさせ、語らせる。答えが出なければ、しばらく時間を置いて再面談する。「待つこと」も大切ではないか。

・目標の設定については、業者の心理テストを利用して、「人と話すことが好きだ」ということをきっかけに、医学部志望から教育学部へ変更し、進学したという経験がある。

・教え子にワインソムリエがいるが、その子は大学でのバイト経験からその魅力を知り、その道へと進んだ。目標のない生徒には、そのような例を示し、今決まらなくても焦らなくてよいということと、見つかった時にすぐ対応できるように、力をつけておく方がよいという話をしている。また、必ず自分の第1希望の仕事に就ける訳ではないので、何でもいいから人の役に立ち、「ありがとう」といわれることが働き甲斐になるという話もしている。

○偏差値帯別・教科別の、何か良いアドバイスのしかたはないか？

・担任が各教科のことを研究することも必要だが、教科のことは教科に任せればよいのではないか。

・教科面談は大切である。ただし、教員は人によってやり方が違うし、生徒も個々に適したやり方は違うと思うので、複数の教科担当者から話を聞くようにする必要があるのではないか。

・自分も学年主任として生徒と個人面談しているが、スキル向上の話が主で、生徒に勇気を与えることや、心のケアが不十分だったと思う。また、担任以外の学年付きの先生にも面談をお願いしている。

・偏差値帯別にと言うが、同じ偏差値でも、その内容は個々で違うのではないか。例えば英語で言えば、英文解釈ができていない偏差値50もいれば、英作文ができていない偏差値50もいる。その場合一律の指導はあまり意味がないのではないか。だから、山口先生がおっしゃるように、答案を見ての面談が有効なのだろう。もちろん、上位者には応用演習を、下位者には基本演習を、というような話はできるが。

○学習方法がうまくいかない生徒へのアドバイスは？

・想定されるのは、真面目で、中学までは丸暗記で対応できていた生徒。切り替えは難しいが、解き方ではなく、物事の本質を理解させるようにする必要があるのではないか。教員側の授業の改善も必要ではないか。

・できる生徒のまねをさせて、成功体験を得させてはどうか。授業でペアワークをさせて、できる生徒に教えさせると、できる生徒も手持ちぶさたでなくなる上に自分の理解も深まり、一石二鳥であった。

○不登校や発達障害の生徒への対応は？

・担任が1人で抱え込まない方が良い。先日ある勉強会のグループ協議で、ある若い先生が不登校生徒を抱えての悩みを打ち明けられた。同じグループに同校の中堅教員がいて、自分の経験を語り、相談に乗ると言った。同僚や先輩教員の協力を得ることは、必要なことではないか。

・先輩教員から、不登校や悩みを抱えている生徒には、「とにかくそばにいるよ」「今のままでいいんだよ」というメッセージを出すことが大事だ、というアドバイスをもらったことがある。

・『不登校は９９％解決する』という本がある。生徒の自信を回復させることが大事だ、というようなことが書いてある。

・発達障害は、保護者や中学からの情報を得て、学年団全体で共有し、対応する体制が必要だろう。自分の経験でも、それでトラブルがありながらも、何とか無事卒業させたことがある。また、今も担任からの話は通じにくくなったが、ある教員がうまく演じて本人や保護者の信頼を得て話ができているという生徒がいる。

○1年の進路の旗振りとして、「難関校３０人」などという学校としての数値目標がすべてだという、生徒に無理強いをするような方向性に違和感があるのだが…

・確かに「始めに数字ありき」はだめだと思うが、「生徒が頑張った結果としての到達目標」であれば意味があるのではないか。そこは職場内で確認をしておく必要があるだろう。それならば逆に４０人や５０人を目指しても良いのではないか。

・生徒にしっかりと学力をつけさせ、大学の魅力を教員も生徒も知るようにすれば良いのではないか。

○上位者への対応は、どうされているのか？

・地方の高校は、学校として難関大への訪問ツアーをしているという話をよく聞く。生徒に、一流のものに触れるという経験をさせることが大事なのではないか。

◎まとめ

山口先生の御講演にもあったように、「生徒に自信をつけさせる」ということを核に持ってさえいれば、方法は何でも良いのではないか。教員は成功例など具体的な方法を知りたがるが、もちろん参考にすればよいが、山口先生の英文の例のように、もっと自分で考えて、失敗を恐れずに「トライ&エラー」を繰り返しても良いのではないか。また、今回は面談をクローズアップしたが、単独で考えるのではなく、学校・学年・進路・教科などにおける諸活動と有機的に結びつけ、その関連の中で位置づける必要もあるのではないか。

グループF

○面談で困っていることは何か？

・面談資料に統一したものがなく、担任が必要だと思うものを自分で用意しなければならない。
・面談のやり方や資料づくりは担任に任されていて、目的や方針の共有ができていない。

・実力考査の成績で志望校の合格可能性の話をするが、現任校での経験が浅く、その体感がまだ持てない。
・転勤してきてすぐ、2年生から担任になったが、生徒の様子がまだ十分につかめず、指導がしにくい。
・教員からの一方的な指示になってしまい、生徒の思いを聞き取ることができていない。
・親子の会話ができておらず、親が子供の様子を掴んでいない。本人に任せると言うだけで関心が薄い。

○面談の内容や課題をどう共有するか？

・面談記録をつけ、学年主任に見せる。学年団の連携は密で、担任間で日頃からよく話ができている。
・面談記録をつけ、意見や要望は面談報告書に書いて管理職に提出する。職員会議で全体に報告される。
・生徒指導上の課題が多い方が、教員が一丸となって生徒を見るという風土ができる。
・岡山県の多くの学校は、実力考査の成績をもとに進路検討会を開き、そこでの話を三者懇談で伝える。実力考査の作問が教科指導力につながり、下学年の担任も検討会に出席することが進路指導の研修になる。
・実力考査を実施していない学校は、外部模試に頼っている。数値を見て分かることしか言えない。

○面談の際に工夫していたことは何か？

・面談の前にアンケートを実施し、生徒や保護者から悩みや話題にしたいことなどを聞き取って準備をした。

・面談の最初は生徒や保護者が自分の思いを話すことができるよう、「最近どうですか？」などと尋ねる。
・学習の悩みは各教科からのアドバイスを聞いた方がよいので、希望制で教科面談も実施している。

○生徒の進路意識や志望はどのようか？

・地元志向、安全志向が強く、首都圏や関西圏の難関大に届く力があっても家を出ようとしない。
・地元志向の生徒は、2年生まで成績がよくても最後は伸びない。高い志望を持ち、殻を破ってほしい。
・子供は親思いで、自分の思いよりも親の思いを優先させる。親の呪縛から解き放ってやりたい。
・クラスの中に大学進学、専門学校進学、就職と様々な進路希望があるので、それぞれの指導が大変。

◎まとめ

・アドバイスの言葉が生徒に響くかどうかは、人間関係が築けているかどうかにかかっているので、日頃からのホームルーム運営を大切にしたい。
・面談は進路指導の大切な機会だが、「志望校に届かない」とか、「勉強が足りない」などという説教に終始してしまっては、生徒の心は開かない。面接指導ではなく、〝キャリアカウンセリング〟の姿勢で臨みたい。
・高い志望を持たせ、学習へのモチベーションを高めるには、保護者への働きかけが欠かせない。低学年の時から、進路講演会などで子離れの必要性を呼びかけたい。山口先生の講演はその点を大いに刺激してくださる。

・教員の年齢構成に偏りがあり、教科指導や進路指導についても、面談の方法についても「文化」が継承されにくくなった。1人担任制、2人担任制、正担・副担制など、クラス担任の持ち方はいろいろあるようだが、ベテランの技が若手に引き継がれていくような組み合わせを考える必要がある。
・面談の時期ややり方（二者面談か三者懇談かなど）が決まっている学校と担任の判断に任されている学校があるようだが、各学年の適切な時期に適切な内容の情報が提供できるように、進路指導課が主導するのがよいのではないか。
・面談は生徒の思いを聞き取り、やる気を引き出すための大切な時間であるから、一人ひとりにしっかり向き合いたい。

グループG

○各先生が現在抱えられている面談での困りごと
・自信のない生徒が多い一方、根拠のない自信を持っている生徒が増えている。浪人するにしても、実力を知るために現役で最後まで頑張ろう、と言っても乗ってこない。こういった生徒には伝わりにくい。
・面談内容の学校内（先生間同士）での共有方法について。
・面談をする際の知識不足（データ以外）が悩み。価値ある知識をどのように習得していくべきか？
・進路検討会は細かく行っており、三者面談もそれを踏まえて行っているが、担任の生徒へのアプローチがうまくいっていない（主に力量差によるもの）。先生間での違いをなくしていきたい。

・高校生から「どのようにしたら良いのか分からない」と相談を受けた場合も、道を示すとなんとか進んでいくことができる。しかし、先生方によって差があり、思い通り生徒を伸ばすことができない。どう学校として面談の共通性を持たせることができるか？　ということ。
・コミュニケーションを取ること自体が苦手な生徒がいる。どうして黙っているのかが分からないケースがある。答えたくないのか、答えられないのか、質問の意味が分からないのか、さえ分からないことがある。
・学校（及び学年）設定の面談週間はあるが、内容は個々の先生に委ねられている。

○生徒が面接時にしゃべりやすい雰囲気を作るために行っていること

・最初から「考えなさい」と強制するのではなく、「こんなところに興味ない？」とか最初はＹＥＳ・ＮＯで回答しやすい質問からスタートする。
・進路のことを考えていない生徒に対しては、進路以外の話をすることで、話しやすい雰囲気を作る。

○面談で工夫していること

・就職志望の生徒に対しては、管理職、各課課長、学年主任にも面接官を依頼して、3年8月末頃に集中的（2週間で生徒1人あたり5回程度）に面談を行っている。本番が迫っているため、生徒も真剣に取り組む。自分の足りない部分や多様な考え方があることを理解・吸収するスピードが速く、短期間で自分が変わっていくことを生徒自身も認識できるため、効果的な取組となっている。

・三者面談を大会議室で複数組同時に行っている。見せ合う雰囲気を作っている。
・年上の先生から、あの生徒と面談をやっていい？　とクラスの生徒を指名してこられた。面談内容を聞くと、自分が引き出せていなかった情報も多く、とても助かった。他の先生に依頼するのも良い方法だと感じた。
・気になる生徒がいたら随時行っている。類型選択前、三者面談前など。加えて、学習記録帳を毎日提出させているが、担任と副担任が協力してコメントを必ず書く。毎日面談をしているような感じで、いつも提出する生徒がださないと、「どうしたの？」とか声掛けができる。小さな変化を見逃さないことにつながっている。
・普段から会話がよくできる生徒に対しては、面談週間もより効果的になる→声掛けの大切さ。
・中間層の生徒が気になっているが、「〇〇先生が〇〇と言っていたよ」と日頃から言っていると、私、話題になっているのかな？　と喜ぶし、そういった場合は良く話を聞く。日常でも面談することはできる。
・自信のない生徒には、先輩の経験談や社会動向など具体的な話をすることで視界が開けてくることがある。

〇進路の知識を増やす方法は？

・卒業生に話をさせる。これは教員にも生徒にも響く。卒業生と連絡を取り続けることは重要。
・簡単に手に入る情報で満足せずに、自分で経験することが重要。大学、専門学校、会社の人に直接を聞くことや、パンフレットやＨＰで疑問があれば、放置せずに、しっかりと調べるなど。

◎まとめ

先生方が良い面談（＝生徒としっかり向き合うこと）を行うためには、教員同士で協力して細やかに対応することが重要であることを再認識した。面談のねらい、面談内容の共有、面談の方法・工夫などを密に情報交換しなければ、よりよい面談を生徒に提供することはできない。仕組み化できることと、臨機応変に対応することを切り分け、それを先生方が共通理解として持っておくことが必要と思われる。

また、生徒に対しては、ちょっとした変化を見逃さないことが重要。あらたまった面談だけではなく、普段から生徒をよく観察して、些細なことでも声掛けをすることで、生徒は教員を信頼する。その積み重ねが面談にもいきてくる。加えて、生徒は多くの先生が見てくれているということに喜びや安心感を抱くので、複数の先生が面談することや他の先生がこんなことを言っていたと伝えるのは非常に効果的。

グループＨ

○生徒の志望を高め、意欲を持たせるにはどうすればよいか？

・生徒を伸ばす、チャレンジさせるという、共通認識を得るのが難しく、足並みがなかなかそろわない。すぐには解決できない問題だが、課や学年で少しずつ仲間を作って取り組むしかない。

・生徒の実力を伸ばし切れていないという外部の声もあるが、高い志望へ眼を向けさせるには、保護者や生徒と面談を重ねる必要がある。
・生徒の学力の幅が広く、一律の対応は難しいので、それぞれの層にあった目的や面談が求められる。
・力はあるのに伸び悩む生徒をサポートするためには多くの教員が、それぞれの立場で関わることが大切である。
・進路課長や各学年の進路係、年次主任など、様々な立場の者が面談をする。生徒は、担任以外から声をかけられることで、認められているような気持ちになる。特に、進路課長や主任など、生徒からいえば「肩書き」のある教員の面談は、それだけで効果がある。担任も連携を取って、うまく活用するとよい。
・担任の了解が取りにくいときもあるが、「担任とは違う視点での面談」ということで納得してもらう。また、生徒が担任との板挟みにならないよう、「担任とは違う視点」という点をきちんと伝える。
・自信を持たせるため、基本的に「ほめる」ことにしている。特に、本番に向けて弱気になる生徒が多いので、「できる」という気になる声かけを心掛けている。教科書に、過去の出題範囲をチェックさせ、今年出題されそうな箇所を予測させた上で、そこができていることをほめるなど、具体的な形で示してやることが大切。
・希望者別補習の形で難関大志望者を育てている。その際、各教科担任で役割分担（得意な生徒対応、苦手な生徒対応）し、教科面談も行っている。
・1年次の春休みに、希望者に対して教科別面談を行った。320名中のべ140名近くの生徒が、申し込み、それぞれの教科担任が分担して対応した。生徒は実に様々な悩みを持っており、聞いてもらうだけでも安心したようだった。ただ、時間の確保が難しく、各教科そろって実施することはかなり困難である。

○生徒の志望を支えるためにはどうすればよいか？

・苦手科目は分かっており、本人もやる気があるのに、教科の協力がなかなか得られず、もどかしい。
・担任が、生徒にこまめに声をかけて面談し、学習の進み具合をチェックしたり、課題をその場でやらせたりするなどのフォローは、教科に関わらず、できる。
・直接受験に関わらない教科担任こそ大事にすべき。生徒の本音が聞ける機会がたくさんあり、そこをうまくフォローしてくれたり、担任や教科担当に必要なことを伝えてくれたりするなど、非常にありがたい存在である。
・上手にほめて、自信をつけさせることが大切。根拠はなくても「やれる」と思わせる。
・現状認識も大切である。足りない部分はきちんと指摘し、そのあとで「この部分であと○が3つとれると、目標点に達する」など具体的な方法を示す。
・グルーピングも効果がある。1人ではなかなか頑張りきれないので、同じ志望を持つ生徒と共に学習できる場所や時間を提供し、つながりをつくる。

◎まとめ

・生徒には、それぞれの力を最大限に伸ばしてもらいたい。そのために、多くの教員がそれぞれの立場から生徒にアドバイスすることが大切である。
・生徒に自信を持たせるため「ほめる」面談が大切だが、現状認識をきちんとさせなければ、ただの「迎合」になってしまう。生徒が等身大の自分を肯定し、そこからさらに伸びていこうという意欲を持つような、生徒によりそう面談のあり方を、模索し続けていきたい。

グループⅠ

・科やコースが複雑で、面談においても方向性が定められてない。
→どういうねらいで進めるか学年で共有するようにし、先生方によってあまり色が出ないようにしている。ねらいは進路主導ではなく学年で作成。学年主導で、それも主任によって方向性も異なる。
・ねらいを持っていれば、形どおりの面談じゃなくてもいいと思う。
・面談という形ではなくて、常に生徒と話す機会を持つようにしている。
・場所にこだわらず面談をやろうと思う。今日の話を聞いて気が楽になりました。
・日頃なかなかコミュニケーションが取れない生徒は、面談という口実があることでコミュニケーションがとれる。
・職員室で面談ができる環境にない。他の人がどうやって面談をしているか見ることができない。
→ある学校では、学年会議で情報の共有を行っている。担任と副担任の２人で行っているので、見習うことができる。アプローチ方法が学べる。気をつけなければいけないのが、生徒と密室になること。異性はもちろん同性も。職員室でやる面談と教室でやる面談では、生徒から聞き出せる情報は異なる。教室の方がより突っ込んだ内容で進めることができる。

・面談週間に、会議などが普通に入れられてしまい。面談週間で終えることができない。

・先生が同じベクトル同じ方向性で進んでいけるように、学校訪問などは複数で行くようにしている。

・面談の時期としては、1年の始め、長期休暇の後、進路決定の時期が重要だと感じている。最後までチャレンジする生徒をたくさん作りたい。その前にはしっかり面談をしたい。

グループJ

○面談を巡る現状

・なかなか組織だった取組になっていないが、面談には力を入れている。

・経験則に頼る面談からの脱却の必要性を感じている。励ましを主とするにはどうすればよいか。

・大学、実社会についての情報不足が歯がゆい。

・コースが多岐にわたり、部も盛んな学校のため、共通認識に基づく面談になりにくい上、時間設定も困難。

○「より良い面談」とは？

・生徒からの信頼を得て、気軽に話せる雰囲気がある面談。生徒の納得が大切。

・具体的な指針を得られる面談。これから自分が何をすべきかを知ることができることが重要。
・生徒が向上できる面談。生徒自身も教員もその生徒の成長が発見し合えるような内容になればよい。
・生徒がしっかり話す面談。生徒が自分自身のことを俯瞰的にみつめる機会となる必要がある。
・継続性、連続性がある面談。生徒が「また話したい」と思うような面談にしたい。

○「より良い面談」にするための条件は？

・本音を語らせるためには、普段からの声かけが重要。自然に話せる雰囲気をつくるような日常的な働きかけがものを言う。
・生徒に「目標」を立てさせる。それを次回につなげていくことで連続性が出る。
・普段からの観察で、その生徒の「何を引き出させたいのか」を教員の側が明確にしておくことが重要。
・教員からの問いかけは、極力明確かつ端的にする。
・きちんとその生徒の良いところを認めてあげる、肯定するところからスタートすることが必要。
・「最近どう?」「何か変わったことはある?」という問いに対する「別に。」「普通。」という回答から、教員がいかに「待てるか」がポイント。教員が急ぐと結局は生徒が聞き役になる。不登校傾向の生徒や支援が必要な生徒は特にそうした配慮が必要。
・自己表現が豊かな生徒とそうでない生徒がいる。生徒が口にする言葉の裏にある気持ちをいかに汲み取れるかが大切である。
・短期的スパンだけでなく、中長期的に価値が再認識されることがあるという意識が必要。その時々では善し悪しが判断できないこともあるのではないか。

・個人情報等内容的に許容できる範囲ではあるが、基本的にはオープンスペースで周囲の人が見ている環境（例えば全体の職員室）で行うことが効果的。面談後に「さっきの○○という話は、◇◇という言い方の方が真意が伝わる」といった風に、教員が内容面で互いにアドバイスし合える環境ができる。自分が行っている面談を客観的に検証する機会ともなる。

・あえて、教室内で他の生徒がいる中で面談をするというやり方を実施したことがある。他の生徒の現状や頑張りには非常に強い関心を示し、耳をそばだてていた。教科の勉強方法などの内容はある程度共通しており、自身を見つめ直す契機となり、モチベーションの向上にもつながった。

・年度当初から7月くらいまでの面談は特に丁寧に行うことが大切。

・成績向上の欲求は必ず一人ひとりにある。教科の先生に勉強の仕方を聞く、質問することの敷居を低くするためにも、職員室に来る機会をどうつくってあげるかが大切である。

グループK

面談を行う場所について

○面談を行う場所について、実態と工夫されていることを挙げてください。

・面談が中断されないように、場所を選んで行っている（ベランダや中庭など）。中断されないので生徒も安心する。また、進路に関する面談では、若い先生にはそのような姿を見せるようにしている。

・職員室だと、いろいろな会話が交わされていて、気を遣う。他の先生に対する配慮が必要になる。

・本校の職員室は国語と数学だけなので、そこで行っている。机の横や、大きめのミーティングテーブルで。他の教科は準備室や進路指導室など。ＨＲ週間では、教室や廊下でも行っている。
・生徒と1対1になるなと言われており、戸を開けて行っている。
・目的によって場所を選ぶことが大事。まわりの目や耳を気にすることが多々あり、生徒も先生も遠慮していては本当の面談が行えない。
・質問は職員室でよいが、面談（特に生徒の悩みなど）は職員室でない方がよい。最近は空き教室ができたので、面談用の部屋にしている。ドアはガラスがついて中が見通せるようになっている。
・生徒とはＬ字型に座るようにしている。目が合わないようにした方がよい。
面談の内容、目的、課題などについて
○各校の面談の内容や目的、課題などについて挙げてください。
・若い先生は面談をしたがらない。面談というと構えてしまい、気軽な面談（コミュニケーション）が減ってきているように感じる。
・総合学科や単位制の高校では、面談が多いです。面談の目的もはっきりしている。生徒には年6回、保護者には年2回＋α。クラス20名を担任1人が見ている。履修指導には特に時間をかけている。
・いままで組織的に整備されておらず、これという形もなかったので、昨年1年かけて行っていることを洗い出し、学年で読みあわせながら形を作った。今年1年はそれでやってみて、学年主任会議で見直して調整しながら年度末の3月にまとめる予定。新しい試みなので、Ｂ4にまとめたものに訂正・

加筆しながら改良していく。
・（上記に続いて）特に年度初めの指導・面談が大切であるが、学年任せになっていた。今年度からは学校として「いかに高校生にさせるか」に重点を置き、職員会議などを入れない面接週間を設けた。
・4月と10月は生徒面談で授業アンケートと学校生活を振り返っている。7月と12月は三者面談で学期末懇談を行っている。3学期に手薄になるのが課題。
・12月の面談では、「次回の面談は7月です（それまで生徒はテーマを絞り、ご家庭でもご指導を）」と伝えて予告している。
・5月にPTA総会、クラス懇談、個人懇談を行っているが、個人懇談は希望者のみになっており、もったいない。
・テーマの決まった面談と、悩んだ生徒に対する面談がある。後者では、先生の年代に応じた面談ができるのではないか。
・スクールカウンセラーから教員対象に行ってもらった研修「生徒の話の聞き方」が有効であった。また、30分1回の面談よりも、10分3回の面談の方がよいこと、「待つことが大事」であることも教わった。
・担任が、生徒のちょっとしたことを拾い上げることが得意でないと感じることがある。
・若いころは副担任として担任の先輩教員の面談に同席させてもらって、ノウハウを学んでいた。どういった問いかけで何を考えさせているかを学んだ。
・「問いかけ」が大事。生徒自身が気づいていない自分を気づかせることもできる。生徒の既知の範囲から広げて考えさせる技術。引き出し方。

・ノウハウは学んでいるが、視点の設定や考え方が形式的になっている気がする。

・個人的に行っており、結構大変だが、「連絡シート」を活用して、次の学年に引き継いでいる。生徒にとっては引き継がれているかどうかで信頼度が違うはず。

・今回の会で得たことを、各校に持ち帰って実践してみるとよい。N県では、小・中・高と引き継げるシートを運用している。個人情報から義務教育と高校との接続に困難があったが、それに比べると学校内で引き継ぐことは容易である。

・高校3年間の流れの中で、生徒指導・教科指導・進路指導など様々な過程をまとめることができたら、それだけで面談量アップにつながるだろう。あとは教員自身の取り組む意欲。

◎まとめ

・先生個人、学年単位ではなく、学校ぐるみで目的を定め、面談計画を設けるようにする。そして生徒に関することを引き継いでいくようにする。

・面談力アップには、スクールカウンセラーによる教員研修が有効である。引き継ぎシートなどの運用も有効である。また、若い先生は、先輩教員の面談に同席させてもらうのもよい。

・面談力をアップして、生徒自身が気づいていない自分自身を引き出したり、世界を広げたりできる「問いかけ」などを身につけて行ければよい。

グループL

○学校としての面談への取組について

・広島県は約6年周期で人事異動があるので、新しい人が担任に入りやすい。学年主任はベテランの人がなるので、いつの時期に何を面談するべきか分かっているが、新しい人は分かっておらず、クラス間でずれを生じるという問題が起こっていた。↓今年度、面談の趣旨や具体的な面談内容が示された年間の面談計画表が作成された。（学年主任が作成）

・面談は回数ではなく中身が重要だと思う。

・学校の方針が曖昧だと、面談が個々の教員の主観や力量にかかってくる部分が大きくなるので問題がある。

・人事異動で人が入れ替わると、今までその学校で常識だったことが常識でなくなることがある。

・長崎県も人事異動が約4年周期なので、面談は担任任せになりやすい。

○低学年での進路面談について、控えめな生徒への対応について

・1年生の文理選択では卒業後の進路も含めて話さないといけないが、上位層が控えめで困っている。

・専門学校への進学希望者も、2年までは全員大学進学希望者と同じ指導をしていて、3年生からは分けるようにしている。

・本人の希望だけでなく、模試などの点数も考慮して文理選択を行っている。

・文理選択についても検討会を実施していて、この結果を踏まえて三者懇談を行い、1年の冬に選択を決定している。

・2人担任制なので面談は2人で一緒に行っている。担任で事前に打ち合わせをしておき、生活面担当と進路担当などに役割を分けて話をするようにしている。そうすることで、赴任したばかりの新しい先生では分からない卒業生の進路などの情報提供を行うことができている。
・控えめの上位層は『自信の無さ』の表れなので、教科担当や部顧問とも連携して全員で声掛けをするとよいと思う。
・進路指導部長が2年生全員を対象に進路目標を聞くという面談を行った。マル秘の内容はマル秘として扱い、担任に伝える必要のあると判断した情報だけは伝えるようにしていた。
・難関大学を狙えるだけの実力があっても地元の国立大学でいいと控えめな生徒は多いので、その生徒には、学校全体で声をかけていくようにしている。
・なぜ、京都大学がいいかということを見せるために、オープンキャンパスには教員が同行して積極的に参加させるようにしている。また、SSHなどの関連行事には難関校から教員を派遣してもらい、研究の一端を見せるようにしている。
・1年の年度当初に1番高い目標を生徒に示すようにしておく。具体的に合格した先輩の評定平均値などを示し、校内でどれぐらいの成績を取る必要があるのかを、早い段階からイメージできるようにしている。（進学だけでなく就職についても）

日本進路指導推進協議会主催「第2回　東日本研究大会（新潟大会）」の記録より

※基調講演「「面談力」について考える」を受けてのグループ討議から

「第1回西日本研究大会（岡山大会）」より、「第2回東日本研究大会（新潟大会）」は、格段に参加人数が増えたため、各グループの記録は、よりシンプルにまとめていただきました。

Aグループ

・各学科の個性を大切にしながらも、学校として、指導の方向性を持つことが重要。
・面談の目的を共有して、どのような面談をするか共通認識を形成している。
・生徒のスタートラインは違っていても、将来のことを一緒に考え、ゴールを設定。生徒が社会に出る数年後のビジョンメイクを。
・成果よりプロセスを評価する面談。
・目的に応じて職員室などオープンな場所か個室かを使い分ける。全クラス同じ部屋で一斉に面談をしている例もある。
・面談のときだけではなく、普段からこつこつコミュニケーションをとり、信頼関係を築くことが重要。
・家庭訪問等で家庭の状況など生徒の背景にある状況を掴むことが重要。
・このような会で学んだことを、どのようにして還元するかが課題。会に参加していない教員にどのように広げていくのか。

Bグループ

・3年間のストーリーができている学校はどの時期に何を指導するのかが明確であるため、面談を活かせている。
・1年は文理選択、2年は志望の明確化、3年は進路選択など、学年や時期によって面談の意味合いは異なる。
・1年のうちから広い視野を持たせる。低い志望にしてしまうと能力の伸びが制限されてしまう。
・面談週間以外でも相談できる雰囲気作りが重要。かたくるしくない面談も。
・共有フォルダに面談記録入力シートがあり、面談、相談のたびに入力しているので、教員全員で情報共有ができる。

Cグループ

・生徒の将来を考え、逆算する面談計画が重要であり、そのための材料集めに小さな面談を繰り返すことが大切。
・3年間で生徒との関係性を築いて色々な話をしていくことが志望校決定の決め手となる。進路希望決定時に至るまでの一緒に考える時間が大切。
・面談だけでなく家庭訪問も大切。

・高3担任時、具体的なアドバイスをしたとき、進路決定がうまくいった。

Dグループ

・面談の主体は生徒。生徒からいかに引き出すか。
・ルーブリックを面談に活用。生徒の自己評価と教員による評価を比較する。
・面談記録の継続について、Ｃｌａｓｓｉの活用やクリアファイルに面談シートを入れていくなどの方法があるのではないか。
・新1年について、活動記録の保存が大切になってくる。指導については入試に振り回されずに学習指導、教科書をしっかりと。

Eグループ

・副担任の先生にも面談に参加してもらうことで、面談力向上になる。
・1回話をして響くのは3割。繰り返して話をするしかない。
・色々な先生に関わってもらって声がけをしてもらう（ほめてもらう）。教員がしっかり見ているということを生徒に感じさせる。
・三者面談ではすぐに資料の説明をするのではなく、最初は話をしてもらうようにしている。2つから3つは子供の良いところを伝える。
・保護者面談の前に必ず生徒面談を行い、保護者面談で言っていい内容を確認することで生徒との信頼関係ができる。
・保護者と話をするときは、電話ではなく直接会って話す。
・面談記録を取り、次の面談につなげる。

Fグループ

・面談は設定されているが、担任任せが大部分の現状。先生により温度差。
・部活の顧問から3年生に話をしてもらうなどの支援がある。
・面談の最後に次に話す内容を話しておく。
・保護者のニーズをどう吸い上げるかについて、事前アンケートで選択してもらう等。
・保護者と事前に話し合わせる。面談の最初に必ず本人に話をさせる。
・保護者と本人のすりあわせができていない。
・面談シートについては各校で、3年はある、過去のものを学年でアレンジしているなどの状況。書きやすい、話しやすい面談シートの作成が必要。
・データについては生徒が書いたものを教員が入力している。

Gグループ

○**共通の課題として、「学級減」・「統合」・「定員割れ」があがった。**
生徒募集の方法は
・地域のイベントに参加「サイエンスフェスティバル」で小中学校が来校。
・見学の機会を増やす。
・私立高校は、生徒募集の営業に行く。

○**少人数、小規模校の面談に対する、メリット、デメリット**
一人ひとりに目が届く。担任だけでなく学年主任面談もしやすい。
・回数は多くできるが、データの共有ができていない。
・推薦入試等を見通した3カ年の指導計画をたてる必要がある。

○**面談データは具体的にどのようなものにするといいのか。**
→新入試に向けて活動履歴（ポートフォリオ）作成の必要がある。
これを機会として、面談データなど蓄積していきたい。
・ベネッセＣｌａｓｓｉでテキストマイニングを行う。→内面の変化を測る。
・書いた文章をためる。感想文等感じたことを文章にしていく。→論理的思考力。

○内面・内省を促すための面談手法は？

→「どうしてそう思ったの？」「なぜ？」「きっかけは？」等短い問を繰り返す。

・逆に「先生に質問してみて」→分かりやすい答え方、話し方を学ぶ。

○担任以外の立場からの面談は？

・入りやすい校長室　遅刻指導　清掃指導など機会を捉えて。

・教科の質問に来たときコミュニケーションをとる。

○少人数だとグループワーク、教え合いがうまくいくこともあるか？

・教員も少人数なので授業スタイルが変えやすかった。

・少人数制の授業はしやすい。

・ジグゾー法はやりやすいが教員の準備が大変。

・模擬裁判（公民）では、グループワークを行ってきた。教科の特性上、アクティブラーニングはやりにくい教科もあるか？

○面談を教員同士で見せ合う等の研修はしているか。

・どのようなことを聞くか、学年で統一する。統一した「面談シート」を作成する。

・学年会で生徒の面談結果等を共有する。

○校内で面談機会をどのように設定しているか。

・年2回　年間計画に面談週間を入れる。

・保護者面談（年2回）の前に生徒面談を入れる。

○面談でやる気を出させる、伸ばす面談をするには。

・確認のための面談は実施しているが……。

・面談後にどのような状態になっているのが理想的なのか。

・面談で内面と向き合う…悩みと向き合い、泣く生徒がいる。

・「○○をやります」と宣言して帰るが続かない。カウンセリング的にすっきりして帰るだけか。

・「ＡＩ時代」になったら、教員の役割は、「励まし係」となる？

・最近の生徒は「自己肯定感」が低い。成績以外のことで声をかけてやるとすごく喜ぶ。心を開かせてやることができれば、ＯＫか。

○自己肯定感を高める、認めてあげるためには。

・小さなことでの機会を捉えて認める。向き合う、書いた物へのコメント。

・授業内で声をかける。

・観察力を高めてちょっとしたときに声をかける。気づく力を高める。

・廊下で、「2分間面談」と称して、通りがかりに声をかける。

○面談をするとどのような効果があるか。
・信頼関係をつくる、頑張るきっかけとなる。
・生徒を把握し、生徒と教員の相互理解を深める。
・バトンを渡す。次世代を育てる。
・生徒のことを認めている。

Hグループ

○各校の課題
・3年の検討会はよくできているが、1・2年での検討会が計画的にできていない。
・最難関に合格していない。
・思考力を鍛えるにはどうしたらいいのか。
・生徒の学力差が激しい（テキストも変えている）。

○面談についての課題
・本人、両親等の希望と成績が合致しない→プライドが高い。
・生徒が志望校を上げない。
→教師が大学を勧めても親から苦言がくる（地域的要素が原因）。
→安全志向の親&自己肯定感の低い生徒。

↓保護者と話す機会が保護者会や三者面談くらいしかなく、親との関係性の築き方をどうしたらいいのか？

↓（対応）・保護者会に来られなかった家庭には、必ず資料を生徒に持たせる。親から確認の印鑑をもらって提出させることにより、親との関係性が生まれる。

・家庭訪問によって家庭の事情がよく分かり、教師を信頼してくれる。

・下位1／3くらいの生徒の家へ家庭訪問をする。

・生徒が東大を目指さない（尻込みをする）。

↓何のために東大に入るのかを伝える。

↓一番柔軟な大学であることこそ教えてあげればいい（これを面談で言っていないのでは？）

・中学校の生徒の受け止め方

↓中等では中学区の生徒から本気で伸ばそうとするべき。

○面談で伝えること等

・面談では褒める。

・大学について様々なデータや情報を背景に持つことが重要。

・各大学の看板となる学部をまずは押さえる。

↓予算に関わるので配備されている設備にも学部により差がある。

・大学の成り立ちを知る↓生徒に調べ方を教えてあげる（例）アドミッションポリシーは何？

Ｉグループ

○合格する生徒、伸びる生徒

↓素直な子、誠実な子、真面目な子。

↓日々の面談から。

↓中学校の時と比べて、変わりたい、もっとやりたいと思っている。

↓話を聞いてあげて自信をつけさせる。

○若い先生方がもっと上手に面談できるような体制作り

↓課題となっていることをポジティブな言葉に置き換えることが大切。

↓話しやすい雰囲気作り…場所、導入の仕方、名前の呼び方

↓心を開かない生徒へは、場所を設定してもダメ。

↓清掃時間などに何気ない声掛けから面談スタート。

↓どんな面談が良かったのか、生徒にアンケートをとった。

・真剣に聞いてくれた。

・気に掛けてくれた。

・待って聞いてくれた。

・具体的に進路のことを教えてくれた。

・はっきり言ってくれて良かった（ダメ出し）。

Jグループ

○特色・課題

・A：SGH3年目。課題研究を行い、英語でプレゼンをする。海外大学進学コースあり。学習時間は平日4時間、休日6時間。SGH活動をどのように進路に繋げるかが課題。

・B：進路主任面談を、全員は難しいがなるべく働きかけて行っている。経済・意欲面が厳しい生徒が多く、進路が多様。（就職が半分）家庭の経済力を正しく把握することが難しい。

・C：市内の3校を統合予定。大規模な学校となるため、課題山積。少子化傾向が背景にある。まだ不明な点が多い。文武両道が求められている。目標設定が大変。

・D：県南トップ校。東大・医学部などに進学するも、内部進学生のうち、低学力の生徒も多くいる。大学進学に向けた学習に至りづらい。理数科で質の確保が難しい。SSHの指定を目指している。部活動も盛ん。

○協議内容

①各教科の課題について

・国数英の課題の量のバランスが難しい。

・英数が中心となるが、目線あわせをどうするべきか。

・学習量の総枠を増やすことが難しい。

・1年目に教員間の意識を合わせる必要がある。

②面談について

・二者面談の時間が取れない。昼休みに時間を取っているが、昼食を摂れないとの保護者からの苦情がくる。
・SSHなどレポート記入などで時間を取られることが多い。生徒も教員も忙しく、学業に影響を及ぼす恐れもある。
・テーマを持った面談を行っている。人間関係や学習時間など。
・学習塾の面談に影響される生徒が多い。
・学校の強みは学習面だけでなく、生活面なども含めて把握していること。どのように保護者・生徒にアピールしてついてこさせられるか。
・先輩のロールモデルがあるとよい。
・どうやったら面談で、生徒を引きつけられるのか。生徒の状況をしっかり捉えること。具体性（模試の見方・目標の立て方など）がポイントではないか。
・何を目標にして学習するのかを明確にしてやる。
・面談にもゴールを設けて、志望を高めることが大切。教員間でよく話し合うべき。

Kグループ

○面談期間の設定について

・計画的に面談を行うために、事前に年計に入れておくと取り組みやすいのではないか。

○面談内容について

・学年会等で面談ごとに、生徒に伝える内容、生徒に聞く内容を打ち合わせしておく。
・例年どんな内容で面談をしているのか縦のつながりが感じられない。データで残しておく。
・進路指導部と学年が連携して、具体的な面談方針を明確にすることが大切。

○面談方法について

・事前に生徒に面談シートを書かせておくとスムーズに面談が進む。（内容は学年や進路と検討）
・内容をサーバーに保存等できれば情報共有になるし、学年間の縦のつながりも生まれる。
・面談者が自分のノートに書いて終わっている人が多く、もったいない。

○面談のポイント

・生徒を励まし続けること。
・安易に目標を下げさせない。生徒の夢を教員が決めない。
・「何のために面談をするのか」をまず教員が共通認識を持つことが大切。どんな生徒を育てたいかを考えておけば自ずと見えてくる。目的がはっきりしない中で面談の回数ばかりを増やしても意味がない。

Lグループ

○面談について

・回数は。
・誰が関わるか。
・面談シートの有無は。
・部活動との関係は。
・場所は。
・対面か横並びか。
・面談週間の有無は。

○自主的に勉強できない生徒をどう指導するか

・ベネッセの未来手帳。
・小テスト。
・代ゼミ「スタディプラス」学習管理アプリ。

○生徒に対する指導のポイント

・初期指導が大切。
・何事も統一して勧めることが大切（教師間の指導の違いがあると難しい）。

Mグループ

各校の現状と課題

・低学力の生徒に対するアプローチ。

・進路が決定しない生徒にどのように対応していくか。

・他県との学力差。

各学校の面談における悩み

○認める（褒める）ことと、厳しくすることのバランス

・基本的には、生徒が笑顔で帰られるように→生徒は伸びているのか?

・普段の様子を見て判断する。

・雰囲気作り。まずは、生徒の話を聞いてあげること→学校の様子、友達との関係性。

・情報の共有。生徒の情報を教師の間で交換する。

○面談の情報を次に繋げる

・生徒一人ひとりの情報を個別にクリアファイルで集積（面談シートの活用）。

→ファイルごと学年を持ち上がることで3年間を通して生徒の考えの変化が分かる

・面接の内容をデータ化（日頃のちょっとした相談も含む）。

・個人情報の取り扱いに注意（保護者からのクレーム）。

○生徒の生活にどこまで入り込んでもよいのか。その線引きは

・生徒が話し出すのを待つ。話を引き出す。
・基本的には待つ。どうしても生徒から出なかったら教師から。

○「やればできる」という生徒への対応

・声がけ。
・将来の目標を一緒に立てる。
・「できた」という達成感が少ない。できたときに褒めてあげる。褒める回数を増やす。
・「なぜやらないの」問題の原因を探す。
・他の教員に面談してもらう。日頃接していない教員など、視点が異なる大人と接する。

○勉強はしているけど模試の成績が上がらない生徒への対応

・基本的に第1志望は変えない。別の角度から第2、第3志望の学校を早めに決めさせておく。
・自分の実力より高い大学＋確実に受かる大学の形で提案。
・勉強のやり方が分からない。知識と得点を結び付ける方法を見つける。

○**自分の専門外の教科が不得意な生徒への対応**

・生徒と一緒にやっていく。

・分からなかったら、まずはその教科の先生の所へ必ず質問に行くように約束する。

・先に当該教科の先生に何をアドバイスすべきか聞いておく。

・自分の経験以上の問題にはどう対応するか。

○**保護者面談時の座席配置について**

・対生徒の場合はL字など。教員1対生徒保護者2の場合は対面。

成功談

○**事前の面談シート**

・事前に必要な情報を調べておける。

・生徒・保護者からの信頼が得られる。その後の関係も良好になる。

○**褒める面談**

・生徒も保護者も前向きに。生徒の行動が変わる。

Nグループ

○進路検討会が機能しない。面談の心構えは。

・データに頼るのは危険。個々の生徒を把握する（記述力等）。

センター→2次に対してモチベーションを上げることが大切。

・「面談」がうまくできない先生が増えた。別室で行うことも大切だが、折に触れて生徒と話すことが重要（日常を知る）→意識・姿勢、生徒と関係性を作る。

・KJ（国際情報高校）は全員参加の検討会。しかし、先生が入試問題を分析する時間が減っている→検討会が盛り上がらない。

・事実に基づいたことを生徒に伝えることが大切。

・「予備校の先生がこう言っている」と、予備校の先生＞学校の先生という傾向。

検討会の目的

①生徒を多角的に見る。

②学校のノウハウを蓄積する→学校としての方向性。

そして生徒の出口を学校として作っていく。

○面談時、統一した方向性が出せない。

・「何故、大学に行く必要があるのか？　専門学校ではだめなのか？」との質問。学校は大学を押したいが。

・大学で幅広く学ぶことに意義がある。専門学校は勉強から逃げるだけ？　という人多し。

・学ぼうとする意志があることが重要。その結果として、大学や専門学校、就職などにつながる。進路選択にいて本人が真剣に考えているのか？　そのためにリアルな現実をみせることが必要。
・三者面談で先生が生徒と保護者の板挟みにあう。三者面談で親子喧嘩が始まったら？
・予防策として親の気づかない生徒の良いところを伝える。親子各々の言い分を捉える。そのためにこまめに生徒を見る（遊びながらでもよい）。
・部活での経験、失敗を活かす。生徒に「見ている」と意識づける。ただ、単に毎日部活にいけばよいわけでもない。（能代工業バスケットボールの加藤先生の例を挙げる。マネージャーを育て、毎日の様子をマネージャーから知る）。
・生徒の実情を知るため、ＫＪでは「宅習記録表」を活用。クラス３人担任制。教務室（職員室）ではデスクに本棚など置かず、常にコミュニケーションをとる。
・学校は進学で生徒を集める時代ではなくなるだろう。学校として充実できるか？

Oグループ

○二者面談・三者面談での悩み

・面談の必要性について、校内でのズレ（設定について）。
・面談の意義・効果の共通理解の必要性。
・教員間の温度差。
・教員間の情報共有の重要性と機会。

・面談週間の有無、検討会の有無。

Pグループ

現在、課題だ（困っている）と思うこと

○進学で、保護者が早く進路を決めたがる（推薦などを利用したがる）

・PTA総会等で保護者への啓発活動をする。
・高2の2月末に、業者と教員で進学に掛かるお金の話をする。
・大学を卒業すると、能動的な対応力が備わること、学歴の効用は上がってきていることを話す。
・努力しなくなった時代に、努力できる人材は重要。早く決まることのマイナス面。金銭面だけではない魅力を説明する。

○早く決めたいと思っている担任が多い（就職が6割を占める学校）

・保護者が子供に関心を持たない→PTAへの出席率が低い。
・1·2年から大学進学希望者を募り、個別に指導する。
・とにかく国公立大学合格者を1名出し、その卒業生から在校生に大学生活を語ってもらう。
・教員がノウハウを共有する。社会の動きに敏感になる。
・大学を受けさせ続けると、教員に指導方法が共有される。（〝打ち続けること〟が大事）。
・1年次に作文を書かせると、その生徒の「地頭」が分かる。（国語の先生に聞くとよい）。

・英数で特別指導（希望者）を実施している。…立志会。

○教員のノウハウの継承

・「作問研究会」…山形県の国語（学校横断・進学校の教員）。
・東大１００人会…秋田県（東大合格を東北地方から１００人出したい）。
・教科内のやり方を学校で確立。
・新テストの問題を中・高の教員で見て、議論する。（体で分からないと理解できない問題）。↓新テスト対策は中学時代から。高校3年間ではムリ。
・小人数の教員（3〜4人）で勉強会を立ち上げてみる。
・生徒に対策集を配りたいからと、入試問題を分析してくれるよう、周囲の教員に頼む。
・校内実力テストの作成（コンパス・バンザイからの脱却）↓校内基準を作りたい（この問題ができたら東北大、この問題ができたら東大など）。

Qグループ

○各校の課題から

・各校で面談を行っているが、学校全体で統一した内容になっていなかったり、進路・授業選択などの確認にとどまっていたりする。

○面談での悩み・失敗談・困りごと等から

・事前に、面談内容を生徒にまとめさせている。（しかし不十分なところも）。
・教員によって進路指導の力に差があり、クラスによる差も出ている。
・教育相談の教員を独立して対応させている。
・面談の種類には２つあるのではないか。…生徒からの面談（生徒から引き出す）。教員から生徒へ働きかけをする面談。
・面談の内容は決めているが、その掘り下げ方をどうするか。
・教員の面談に対する意識が低い。
・面談はどのように設定しているか。回数は？　一定期間は授業を削減している学校もある。

○面談での成功談

・確認にとどまらずに、生徒の背中を押す面談にすることが大切。
・面談をきっかけに、生徒が前に進めればよい。
・生徒が本音をしゃべるためには、普段からの関係作りが大切。面談ではなく、日常会話の一環として考えると、しゃべりやすい。また、担任だけで抱え込まず、他の先生にもお願いする。

Rグループ

○特色・課題等～情報共有の大切さ・方法～

・１、２学期で３回面談を行う。記録の引き継ぎが課題。
・県外高校に視察にいったら年間１０回以上行っていたことから、勤務校でも最低年間５回は実施することになった。
・教科に対する困り感を言える環境の構築。紙ベースで記録。
・担任だけでなく学年団での情報共有が必要。特に大規模校。
・記録手帳の活用。毎日３人に教務室に提出しに来させる。
・単位制↓面接週間年間６回。
・面接記録を個人的に作成（手書き）。
・保護者面談…質問したいことを事前にアンケート↓多かった質問事項は回答を全員に配布。
・Ｃｌａｓｓｉの活用…教員間の情報共有ならび引き継ぎに活用できる。

○**悩み・失敗談**
・引き継ぎの定着がうまくいかない（３年生から担任に入ったとき、１回目の面談で進路指導をすることができなかった。）
・保護者に理解してもらうのが難しい。医師を目指している生徒に対してアドバイスを多々したが、保護者には伝わっていなかった。↓教員自身の考えだけを押してはいけない。
・効果的なデータの活用方法、資料の準備の仕方。
・三者面談で保護者だけが話してしまう。時にはけんかになることもあった。↓これもありではないか？

○成功談

・Ｃｌａｓｓｉ過去データを用いた学習指導。
・他教科の先生の力を借りる。
・医学部推薦の面接練習も、内容を学年会で一緒に考えてもらう。
・行ったことは全部成功なのでは？　決してマイナスにはならない。
・養護教員との連携。特に母親への声がけの仕方に学ぶことが多かった。
・親の思いと子の思いをつなぐ役目。
・生徒とは面と向かってよりも多様な場でコミュニケーションを取っている。まずは世間話など、何気ないところから話していく。

以上、ざっと「第1回西日本研究大会」「第2回東日本研究大会」のグループ討議のまとめをそのまま、掲載させていただきました。形式や進行方法等、各大会、グループによって誤差はありますが、少なくとも約200名弱の教師達の、北は岩手県から南は鹿児島県までの現場での「面談」の状況、課題が浮き彫りになって参ります。ましてこの大会に参加したのは、熱意ある全国の教師たちです。教師の「面談力」の有無が、現在も多くの中学生、高校生の未来を左右するということ、ほんの小さな「面談」でも、生徒達を勇気づける契機となることを、本書の読者には改めて感じてほしいのです。

あとがき

今ようやく長年の宿願を果たし、ほっと安堵しているような気持ちです。

思えば、本書発刊の構想を持ったのは、今から１３年ほど前のことになります。

著名な某予備学校の関係者が、数十年にわたる私の高校現場での「生徒を伸ばす「個別面談」の実践」を知り、単独の参考書のような形で、出版を打診されたことが発端です。

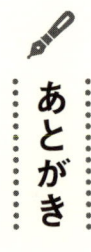

今もそうですが、当時は「個別面談」は、それぞれの教師が自分の「技量」として行うものので、高等学校で「面談週間」を持っている学校も少数でしかありませんでした。それだけに、進学実績1つをとっても、全国の高等学校では、学年によって、またはクラスによって大きな落差があったのは否めない事実だったのです。「個人技」によっている「進路指導面談」は、悲しいかな日本中の中学校や高等学校、中等教育学校等の生徒達にとって、担任の当たり外れのように「運不運」で語られるようなものであったのです。大変残念なことでありました。

当時、「就職試験」や「推薦入試」のノウハウ本としての「面接」「面談」を対象とした書は数多くあっても、高等学校3年間で、発達段階の要の時期に生徒に寄り添い、「いつどこで、どのような視点で生徒に正対するのか」、それを正面から取り上げた書物、学校での「面談」を、3年間を俯瞰して取り上げた書は1冊もなかったのです。また、学年毎や時期ごとの「面談」の内容を吟味する具体的な検討の場も学校ではなく、学年やコース毎に「年間面談計画」として詳細にまとめられていることも、極めて稀なことでありました。それは、本書に「資料」として「全国の学校現場における面談の実態と課題」と題して掲載された2年間にわたる日本進路指導推進協議会主催「第1回・第2回研究大会」の研究討議記録からも明らかに推測される事実です。したがって、この学年のこの時期にはどんなことに留意し、何を助言するべきか、具体的なトータルなイメージを持てないまま、「生徒の成長段階」に考えが至らない教師たちも、大勢いたのです。

私も若いとき、様々な先輩教員に、1年から3年まで時期ごとのポイントを伺っては、自分の資料を修正し、生徒に向き合ったものです。しかし、「この聞き方はどうも違うのではないか。これでは生徒が萎縮するばかりで、何も成長に結び付かないのではないか」そういう疑問をふと抱いてから、面談を終えたあとの生徒には、「事後アンケート」を必ず取るようにして、分析を心がけることにしておりました。「この時期にはどんなことが不安で、どんな相談をしたいのか」を、そのまま本音で記してもらうことにしたのです。すると、思いもしなかったことが明らかになりました。

生徒の相談や不安の3分の1は、自分の進路の相談ではなく、「保護者に対する相談」だったのです。彼らを縛っているものが「保護者の先入観」であるのを知ったとき、私は「三者面談」では保護者にどう対応すればよいのかを深く考えるようになったのです。

「この子は、女の子なんだから、県内の大学でいいんですよ。能力がないのですから」

「うちの息子は、中堅私立で十分です。東北大学なんて絶対いけませんよ」

「医師なんて夢ですよ。いつも模試でE判定ばかりの息子に医者になどなれるはずがないではないですから」

幼少の頃から子供を見てきたと自負する保護者は、本当は見違えるほど成長し、精神的にも強い意志と思考力を持って前を向いている我が子の姿に気づかず、過去の我が子の姿を投影した判断をしていたのです。保護者の言い方はとても生徒を傷つけて、頭ごなしに否定するものばかりでした。それは子供の、「上級学校に進学し、より深く学習し、高い目標に到達してみたい」という意欲を削ぐことになります。それを気づかせてやれるのは「教師」しかいないのです。我が教え子達は、模擬試験の成績はほとんどD・E判定でしたが、「三者面談」できちんと保護者に受験までの逆算した戦略を説明し、「お子さんの成長に手を貸してくださいませんか。この子はきっと逆転できます」と語った私の言葉を、親御さんは理解し、信じてくださいました。それを目の前で聞いていた生徒が、どれほど安心して勉学に打ち込んだかは、読者の皆様のご想像以上です。その生徒たちは見事に第1希望に合格していったのです。不思議なものですね。「面談」で不安なものが1つ除かれただけでも、生徒たちは大きく成長するのです。

もう1つの障害は、保護者と同じように生徒の潜在能力を信じない「教師」たちそのものの存在です。「模擬試験」や「偏差値」という恰好《かっこう》な武器を手に入れて、今は「二者面談」で平然と「君はE判定だから、○○大学は無理だよ。だからこのあたりの偏差値の○○大学にしなさい」と、高飛車に言い立てている教員がほとんどです。もし「偏差値」や「模試順位」がなかったのなら、彼らはどうやって指導するのでしょうか。今は「高大接続改革」が声高に叫ばれ、新しい学力観、入試作問の動向が世間を席巻していますが、私は少しも動じません。これまで毎年のように、東京大学・京都大学から始めて、地方国公立大学、難関私立大学、中堅私立大学とあらゆる大学の入試問題、公務員試験問題、民間就職問題を解き、その問題の本質がどこにあるのかを知っているからです。すべては小学校・中学校・高等学校の全教科の教科書に土台があり、日々のあらゆる諸活動、新聞を読んだり、まちを散歩したり、雲の流れを見つめてみる中に、あらゆる「学力」の要素が隠されていることを知っているからです。

ですから不安そうに「二者面談」にやってきた生徒に「大丈夫。君は、この数学の答案を見る限り、解答の精度が上がってきたね。この部分は3点、北海道大学ならもらえるね。その部分をもう一度考えてご覧。高校2年生の教科書に類似問題があったよね。もっと繋ぎの道筋が見えるはずだよ。頑張ろうね」と優しく励ますのです。生徒がどれほど勇気を奮って相談に来たかを、私は知っているのです。「面談」に来て良かったと思ってもらうことが、教師の務めなのです。

私は「偏差値」を重んじません。あくまで参考にするだけで、すべてはその子の問題を解いた「答案」を見て、どの力がまだ不足しているか、どういう力が確実にものになっているかを指摘し、具体的な道筋を示してあげるだけです。高校教師であるからには、大学入試センター試験（2年後からは「大学入学共通テスト」）や国公立や私立の全国の主要大学の問題、自校に関わる公務員試験、民間就職試験の問題を自ら解き、生徒の進路目標に寄り添って、生徒と共に学び、アドバイスし、未来に挑戦する勇気を与えるだけです。

私にとっては、定時制でひらがなを書けない生徒に「ひらがな」を教えることも、東京大学への問題攻略を教えることも、同等です。教育の原点は、分かりたいと願う子に、勇気を与えることに他ならないからです。

ここ数年、全国の中学校や高等学校、中等教育学校、大学で講演をし、その後の「希望者面談」を重ねるにつれ、生徒や学生の「生の声」から「自分を助けてほしい」と、悲痛な叫びが漏れてくるのを、嘆かわしく感じてきました。日本中の教育現場で生徒を支えるはずの教師の「面談力」と「添削力」が落ちているように思えてなりません。

これは、若いこれからの時代を担う教師たち、教育に携わる多くの関係者の皆様、そして我が子を社会に送り出すために日々頑張っておられる保護者の皆様のためにも、見過ごすことのできないことでありましょう。

こんな時代だからこそ、あえて最も基本的な「面談」に関わる考えをまとめ、第1弾として世に問いたいと思います。

本書の構成は、目次に記した通り、初めに「私が心がけてきた『伸ばす面談、心に寄り添う面談』１０箇条」を掲げ、第1章は、揺らいでいる教育現場に一石を投ずる「学校としての基本」「教師としての土台」について。第2章から第4章までは、本書の核心となる「面談」のあり方を様々な角度からの視点で示してあります。第5章は、多くの高校教師からご要望いただいた3年間を俯瞰した面談計画を、山口の実践から簡潔にまとめさせていただきました。次いで第6章ですが、社会に今求められている「面談力」を、拙著の「新聞記事」から考えていただきます。そして最終章は、「日本進路指導推進協議会」設立の経緯と、本書『進路相談四十年　逆転の山口の生徒に勇気を与える　面談力』のテーマ設定の理由について書かせていただきました。最後に資料として付けさせていただいたのは、日本進路指導推進協議会の二年に亘る「研究大会」の討議から、現実の学校現場での「面談」の位置づけの曖昧さを検証し、生の教師たちの声をそのまま拾ったものです。ご参照いただければ幸いです。

本書はあくまで第1弾です。生徒と向き合って指導してきた具体的な面談事例集『面談力―生徒を活かす言葉―』（仮題）は、いずれ折を見て、本書の続編として発刊できればと考えております。

また、ご要望の高い『添削力―生徒を育む力―』（仮題）については、今後2年間の日本進路指導推進協議会での研究協議を経た上で、世に問うつもりです。

保護者の皆様におかれましては、『親として子供を成長させる10の条件―子の巣立ちを助けるために―』（仮題）を、なるべく早く発刊するよう、多くの葉書や手紙を頂戴しておりますが、今少しお時間をいただければと思います。

長くなりました。本書を発刊するにあたって、教育研究会「日本進路指導推進協議会」の会員、支援者の皆様には、大変お世話になりました。ご協力を深く感謝いたします。

また、第3詩集『学校─十五歳の決意─』（2017年10月刊）の版元、（株）悠光堂の佐藤裕介取締役には、再びお声掛けいただき、多大なお世話になりました。親身になって編集にあたってくださった悠光堂のエディター冨永彩花さん、制作・営業面担当の渡邊将太君、松尾真樹君も含めて、この紙面をお借りし、改めて深く感謝を申し上げます。

本書が多くの「教師」たちや社会で若者を指導する方々や各都道府県の教育委員会や学校現場に届き、生徒達を日々救っていただくことを信じて、あとがきに代えます。

平成30年12月20日

一教師　山口和士

著者略歴

山口 和士（やまぐち・かずし）

1956年山形県生。法政大学文学部卒。群馬県の公立高等学校の教師となり、様々な高校で教鞭をとる。県立高等学校での進路指導主事としての実践をもとに、月刊『進路指導』（日本進路指導協会刊）に2年にわたって「高等学校進路指導」を連載。管理職となった10年間も、生徒面談を実施、その理論と実践は、全国の高等学校の進路指導の指標となった。2016年3月をもって、最後の勤務校を校長として退職。現在、教育研究会「日本進路指導推進協議会」の会長として、「進路多様躍進校会議」を主催。また、関東学院大学（横浜市金沢区）の特任教授として大学改革に携わっている。著書に詩集『学校―十五歳の決意―』（悠光堂）等がある。

進路指導四十年　逆転の山口の

生徒に勇気を与える 面 談 力

2019年1月15日　　初版第一刷発行
著　者　　山口 和士
発行人　　佐藤 裕介
編集人　　冨永 彩花
発行所　　株式会社 悠光堂
〒104-0045 東京都中央区築地6-4-5
シティスクエア築地1103
電話：03-6264-0523 FAX：03-6264-0524
http://youkoodoo.co.jp/
デザイン　　株式会社 キャット
印刷・製本　　株式会社 シナノパブリッシングプレス

ISBN978-4-909348-16-6 C3037